Imaginierte (Vor-)Sorge

Dominik Speidel

Münchner ethnographische Schriften
Kulturwissenschaftlich-ethnologische Untersuchungen
zu Alltagsgeschichte, Alltagskultur und Alltagswelten in Europa

Band 33

herausgegeben vom
Institut für Empirische Kulturwissenschaft und Europäische Ethnologie
der Ludwig-Maximilians-Universität München

Imaginierte (Vor-)Sorge

Zur diskursiven Konstruktion von Zukunftsvorstellungen in Versicherungsmedien

Dominik Speidel

utzverlag GmbH · München

Umschlagillustration: „business man on a boat watching the future with binoculars“,
Stock-Fotografie-ID: 898699670 (https://www.istockphoto.com/de/fotos/francescoch, Lizenz erworben)
Layout: Tomislav Helebrant

Dominik Speidel
Studium der Empirischen Kulturwissenschaft und Europäischen Ethnologie an der Albert-Ludwigs-Universität Freiburg (B.A.) und der Ludwig-Maximilians-Universität München (M.A.). Neben seinen praktischen Tätigkeiten im Marketing zweier großer Münchener Versicherungsgesellschaften arbeitete er als wissenschaftliche Hilfskraft im DFG-Forschungsprojekt „Vertrauensarbeit in der Finanzökonomie“, in dessen Rahmen die vorliegende Studie entstand.

Bibliographische Information der Deutschen Bibliothek
Die Deutsche Nationalbibliothek verzeichnet diese Publikation in der Deutschen Nationalbibliografie; detaillierte bibliografische Daten sind im Internet über http://dnb.ddb.de abrufbar.

ISBN: 978-3-8316-4880-1

Printed in Germany

utzverlag GmbH, München
089-277791-00 · www.utz.de

„Dieses Softcover wurde auf FSC-zertifiziertem Papier gedruckt. FSC (Forest Stewardship Council) ist eine nichtstaatliche, gemeinnützige Organisation, die sich für eine ökologische und sozialverantwortliche Nutzung der Wälder unserer Erde einsetzt.“

Dank

Der vorliegende Band ist eine überarbeitete Fassung meiner Masterarbeit, die ich im Wintersemester 2019/2020 am Institut für Empirische Kulturwissenschaft und Europäische Ethnologie der LMU München eingereicht habe.

Herzlich möchte ich an dieser Stelle meiner Erstbetreuerin Frau Prof. Dr. Irene Götz sowie Lukas Rödder danken, die mir wertvolle Denkanstöße für die Arbeit gegeben haben. Dank gebührt ferner Miriam Gutekunst, den Gebrüdern Tanner sowie Tomislav Helebrant für ihre Unterstützung bei der Vorbereitung dieser Publikation. Ein großes Vergelt's Gott geht auch an die Münchner Vereinigung für Volkskunde e. V. sowie an das Institut für Empirische Kulturwissenschaft und Europäische Ethnologie in München, die einen Teil der Druckkosten übernommen haben. Zu guter Letzt möchte ich mich bei meiner Familie bedanken: für den tollen Zuspruch und eine erstklassige Lektoratsarbeit am kubanischen Karibikstrand.

Inhalt

1 Einleitung

„Was passiert morgen? Und wie sieht es mit übermorgen aus? Wie alt werde ich? Wie werde ich leben und wovon überhaupt?‘ Fragen, die wir uns so oder so ähnlich sicherlich alle schon einmal gestellt haben. Richtige Antworten darauf gibt es nicht. Wie auch? Schließlich kann niemand wissen, was in der Zukunft passieren wird. Sicher, aber sicher nicht genug: die gesetzliche Rente. Was wir jetzt schon wissen: Die gesetzliche Rente allein wird nicht reichen, um im Alter gut zu leben. Und schon gar nicht, um sich das ein oder andere Extra leisten zu können. Deshalb ist es wichtig, selbst für eine gute Absicherung zu sorgen und sich so für den Ruhestand alle Optionen offen zu halten. Was immer Sie für Ihr zukünftiges Ich planen: Sichern Sie sich schon heute das gute Gefühl, Ihre Pläne realisieren zu können – mit der PrivatRente der Barmenia. Mein zukünftiges Ich – kann es sich leisten, sich etwas zu leisten. Was immer Sie sich für Ihr Alter vorstellen: Wir helfen Ihnen, es zu verwirklichen.“[1]

Dieses Zitat entstammt der Internetseite des deutschen Versicherungsunternehmens Barmenia. Es handelt sich hierbei um einen Einstiegstext, der in die Rentenversicherungsrubrik der Versicherungsseite einführt und den inhaltlichen Rahmen, für die sich im weiteren Seitenverlauf untergliedernden Rentenversicherungstarife spannt. Die Produktseite wird dabei durch unterschiedliche mediale Formate geprägt und strukturiert: Bilder, Textbausteine und audiovisuelle Medien sind allesamt integriert. Sie verweisen aufeinander, ergänzen sich und erzeugen so eine emblematische Struktur der Versicherungsseite, die in ihrer Gesamtgestalt eine multimodale Erzählung vermittelt. Im Mittelpunkt dieser Erzählung steht das „zukünftige Ich“. Es handelt sich um ein in die Zukunft projiziertes Selbst, eine Imagination, die in vielfältiger Weise evoziert und vermittelt wird.[2]
Generell sind solche Formen der Zukunftsantizipation charakteristisch für das Versicherungswesen, denn Versicherungen verdienen ihr Geld mit der Zukunft. Ohne das Kommende, das immer kontingent ist und sich deshalb durch Unsicherheit auszeichnet, wäre ihr sozioökonomischer Nutzen obsolet. Es ist deshalb gerade die Uneinsichtigkeit des individuellen Lebensverlaufs, auf dem das Geschäftsmodell der Versicherungswirtschaft basiert. Auf Grundlage einer ökonomischen Zielsetzung stellen Versicherungen unterschiedliche Zukunftsszenarien bereit und verleihen dadurch der uneinsichtigen Zukunft ein imaginatives Antlitz. Allgemein setzen sie somit die Zukunft auf die Agenda ihrer Kund*innen und veranlassen diese sich hierzu zu positionieren. Dies

1 Barmenia: Übersichtsseite zur Altersvorsorgerubrik. URL: https://barmenia.de/de/produkte/alters-und-risikovorsorge/rentenversicherung/uebersicht.xhtml (Stand: 20.1.2020).

2 Vgl. ebd.

Abbildung 1: Simultane Darstellung ungleichzeitiger Altersstadien (Einführungsfilm zur Barmenia PrivatRente)

vollzieht sich insbesondere mit Verweisen auf den riskanten Charakter kommender Entwicklungen. So wird beispielsweise im oben aufgeführten Zitat auf die Unzulänglichkeit der staatlichen Vorsorgemaßnahmen hingewiesen und dementsprechend der Abschluss der privaten Rentenversicherung empfohlen. Ein negativer zukünftiger Einkommenszustand könne dadurch vermieden und der gewohnte Lebensstandard auch zukünftig beibehalten werden. Es ist gerade diese Kontrastkonstellation unterschiedlicher Zukunftsimaginationen, die den Kern der Versicherungskommunikation bilden. Sowohl negative als auch positive Entwicklungsszenarien gehen dabei Hand in Hand. Zusammen verweisen sie auf den angepriesenen Nutzen des Versicherungsabschlusses, der sich letzten Endes in dem „guten Gefühl" abgesichert zu sein manifestieren würde.

Der imaginative Mehrwert des Versicherungserwerbs wird auf der Versicherungsseite der Barmenia vielfältig hervorgehoben. Durch eine Fülle an unterschiedlichen Werbeinhalten wird das abgesicherte „zukünftige Ich" positiv in Szene gesetzt. Neben sprachlichen Anrufungen vollzieht sich dieser Vorgang gerade auch auf der visuellen Ebene. So werden beispielsweise in einem integrierten Einführungsfilm[3] drei Personen in ihrem Berufsalltag begleitet. Nachdem diese zunächst ihre Tätigkeiten vorstellen, verbinden sie im weiteren Verlauf der Handlung ihre Berufsvoraussetzungen und persönlichen Vorlieben mit unterschiedlichen Vorsorgetarifen des Versicherers. Am Ende der Handlung kommt es zur Imagination ihres zukünftigen Ichs. Die jeweiligen Personen halten dabei großflächige Portraits ihres gealterten Selbsts in den Händen. Gegenwart und Zukunft werden durch diese simultane Darstellung ungleichzeitiger Altersstadien

3 Vgl. Barmenia: Mein zukünftiges Ich. Einführungsfilm zur PrivatRente. URL: https://barmenia.de/de/produkte/alters-und-risikovorsorge/rentenversicherung/uebersicht.xhtml (Stand: 20. 1. 2020).

visualisiert und miteinander verknüpft. Was die projizierten Bildinhalte anbelangt, so veranschaulichen sie positive Zukunftsszenarien voller Vitalität und Tatendrang (vgl. Abbildung 1).
Es handelt sich hierbei nur um eines von vielen Beispielen, wie in der generellen Versicherungskommunikation Zukunftsvorstellungen imaginiert und veranschaulicht werden. Ihre werbewirksame Konstruktion baut dabei auf diversen Inszenierungsstrategien auf. Insbesondere der visuellen Ebene kommt in dieser Hinsicht eine besondere Relevanz zu. Sowohl Bilder als auch Tabellen und Infografiken werden herangezogen, um der potenziellen Zukunft eine Gestalt zu verleihen. An diesem Punkt nun setzt meine Studie an.

1.1 Fragestellung und Aufbau der Arbeit

Das primäre Anliegen dieser Arbeit besteht darin, die diskursive Konstruktion von Zukunftsvorstellungen im Versicherungswesen zu analysieren. Wie bereits eingehend erläutert, ist es gerade der imaginative Bezug auf Zukünftiges, durch den Versicherungsunternehmen ihre Kund*innen vom Erwerb eines Versicherungsprodukts zu überzeugen versuchen. Aber um was für Zukünfte handelt es sich hier eigentlich genau und wie gestaltet sich der generelle Vorgang ihrer Imagination? Diese Kernfrage steht im Zentrum meiner kulturwissenschaftlichen Betrachtung der Versicherungskommunikation. Es geht um die Erörterung der visuell-narrativen Struktur der Zukunftsbezugnahmen im Versicherungskontext mitsamt den dabei zum Zuge kommenden Inszenierungskomponenten. Ein besonderer Fokus liegt im Zuge dessen auf den vielfältigen Visualisierungsstrategien, die potenziell Zukünftiges abbilden und in Szene setzen. Immer eingebettet in einen narrativen Kontext, stellen sie wesentliche Bausteine der versicherungsspezifischen Zukunftserzählungen dar.
Zur Beantwortung der Fragestellung habe ich im Verlauf des Forschungsprozesses die Inhalte von Versicherungswebsites ausgewertet. Als relevante Werbemedien kommt diesen Unternehmensseiten eine wichtige Rolle in der Kund*innenkommunikation zu. Auf diesen Onlineseiten werden die unterschiedlichsten Produktsegmente der Versicherungsunternehmen detailliert erläutert, wobei die jeweiligen Zukunftsimaginationen den narrativen Bezugsrahmen der Vermittlung bilden. Anders als beispielsweise Werbespots, haben die Versicherungsseiten dabei keiner verknappenden und zuspitzenden Werbelogik zu folgen. Sie zeichnen sich vielmehr durch eine tiefergehende und reichhaltige Argumentationsstruktur aus und eignen sich deshalb besonders dazu, versicherungsübergreifende Verweisstrukturen zu ermitteln. Genau hierauf zielt diese Studie ab. Es geht deshalb nicht darum, die Besonderheiten der Werbebotschaften einzelner Versicherungsunternehmen aufzulisten. Im Gegenteil: Das Augenmerk richtet sich gerade auf die Gemeinsamkeiten der Versicherungskommunikation; auf die

typisierten Aussagemuster und das seriell verbreitete Bildrepertoire, mit deren Hilfe die Zukunftsvorstellungen diskursiv erzeugt und vermittelt werden. Letzten Endes zielt meine Arbeit deshalb auf die versicherungsübergreifende Logik der Zukunftsbezugnahmen im Versicherungswesen ab.
Was den Aufbau der Arbeit anbelangt, so gilt es in den nun folgenden Kapiteln zunächst die Forschungsthematik theoretisch zu fundieren. Dabei sollen zuerst der aktuelle Forschungsstand zur Versicherungswerbung skizziert sowie meine diskursanalytische Herangehensweise erläutert werden. Einen generellen Überblick über das Versicherungswesen in Deutschland liefert dann das zweite Kapitel. Hier geht es vor allem darum, die Rahmenbedingungen der Versicherungswirtschaft vorzustellen und auf aktuelle Entwicklungslinien einzugehen. Da eine allgemeine „Unterrepräsentation sozialwissenschaftlicher Forschung zur Versicherungswirtschaft" (Diehl 2019: 12) vorliegt, ist es das Hauptanliegen des dritten Kapitels eine kulturwissenschaftliche Perspektive auf die Zukunftsbezogenheit des Versicherungswesens zu eröffnen. Die Versicherungspraxis wird dabei zunächst in zentrale Phänomenbereiche untergliedert, welche im weiteren Verlauf – unter Bezugnahme zahlreicher sozial- und kulturwissenschaftlicher Arbeiten – in den Kontext der Arbeit eingeordnet werden. Nach Abschluss dieser theoretischen Vorarbeiten kann dann im vierten Kapitel die analytische Betrachtung des Forschungsgegenstands einsetzen. In dem Analyseteil werden die ausgewerteten Forschungsergebnisse vorgestellt und kulturwissenschaftlich interpretiert. Dabei gilt es die relevanten Analysekategorien der diskurshermeneutischen Auswertung darzulegen und mit Blick auf die Forschungsintention zu erörtern. Die zentralen Ergebnisse werden dann in einer Schlussbetrachtung resümierend zusammengeführt.

1.2 Forschungsstand

Ein allgemeiner Leitspruch in der Versicherungsbranche lautet, dass Versicherungen weniger gekauft, als vielmehr verkauft werden (vgl. Brenner 1982: 2766). Es bedarf deshalb spezifischer Maßnahmen um bei den Kund*innen das Bedürfnis für den Versicherungserwerb zu wecken. Dem Aspekt der Bewerbung kommt in dieser Hinsicht eine große Relevanz zu. In diesem Kapitel soll deshalb das Gegenstandsinteresse meiner Arbeit in den Kontext der Forschungsliteratur zu der Thematik Werbung gestellt werden.
Allgemein handelt es sich bei Werbung „um den Versuch, das Wissen, die Meinungen, die Emotionen oder das Verhalten, kurz die Einstellungen anderer in einer ganz bestimmten Weise zu beeinflussen" (Zurstiege 2015: 09). Als „alte und bewährte Kulturtechnik" (ebd.: 10) ist sie in vielen sozialen Sphären anzutreffen. Auch die Brautwerbung, der Wahlkampf oder die religiöse Missionierung sind letzten Endes Formen

der Werbung (vgl. Janich 2013 [1999]: 20). Mit Blick auf die existierende Forschungsliteratur wird im Folgenden allerdings vor allem auf Studien zur Wirtschafts- und Versicherungswerbung Bezug genommen.
Gerade im Bereich der Wirtschaftswissenschaften sind unzählige Studien zum Forschungsfeld Werbung erschienen. Bei manchen handelt es sich um umfassende Einführungswerke (vgl. Schweiger/Schrattenecker 2017 [1986]; Hein 2017). Darüber hinaus existiert eine Vielzahl an praxisnahen Betrachtungen, bei denen der wissenschaftliche Charakter gleichwohl eher in den Hintergrund rückt (vgl. Nöcker 2014; Schweiger 2013). Werbung ist des Weiteren ein beliebter Forschungsgegenstand in den Sprach- und Kommunikationswissenschaften (vgl. Borchers 2014; Janich 2012), aber auch in der Empirischen Kulturwissenschaft sind vereinzelt Studien hierzu erschienen (vgl. Elpers 2005; Kerkhoff-Hader 2005). Allgemein zeichnen sich die sozial- und kulturwissenschaftlichen Ansätze durch einen stärkeren Fokus auf Detailanalysen aus. Repräsentationen von kulturellen Deutungsmustern wie Stereotypen (vgl. Pietzcker 2019), Xenismen (vgl. Bratschi 2005) und Geschlechtsdarstellungen (vgl. Eck/Jäckel 2009; Vennemann/Holtz-Bacha 2008) stehen hierbei oft im Fokus der Betrachtungen.
Anders als die wissenschaftliche Beschäftigung mit Werbung im Allgemeinen, ist die Anzahl von Studien zur Versicherungswerbung überschaubar. Zwar gibt es einige Studien und Sammelbände zum Thema Versicherungsmarketing (vgl. Görgen 2002; Reich/Zerres 2019 [2010]), der Werbeaspekt wird hier allerdings meistens nur am Rande aufgegriffen. Spezielle Studien zur Versicherungswerbung sind eher rar und nehmen gerade im wirtschaftswissenschaftlichen Umfeld meist die Form von kurzen – auf Nachahmung abzielenden – Best-Practice Beispielen an (vgl. Horgby/Seidel 2019 [2010]; Langer/Esch/Brunner 2009; Köneke/Müller-Peters/Fechtenhauer 2015). Darüber hinaus gibt es in Bezug auf die Wirtschaftswissenschaft einige Arbeiten, die vor allem einen konzeptionellen Einblick in die Thematik liefern (vgl. Brenner 1982; Kasten 1997). Besondere Relevanz kommt hierbei Tanja Hujbers Studie „Werbung von Versicherungsunternehmen" (2005) zu. Es handelt sich um das aktuellste und umfassendste Werk zur Versicherungswerbung. Die entsprechende Studie basiert nicht auf detaillierten Fallanalysen, sondern zielt primär auf eine theoretisch-modellhafte Konzeptionalisierung ab. Hujbers Ansatz bietet deshalb zwar einen vielseitigen Einblick in den Werbekontext von Versicherungen, für eine nähergehende kulturwissenschaftliche Rezeption ist ihr modellhafter Ansatz aber sehr abstrakt und holzschnittartig.
Neben der wirtschaftswissenschaftlichen Beschäftigung mit der Versicherungswerbung sind auch aus anderen Fachrichtungen Publikationen hierzu erschienen. Im Bereich der Geschichtswissenschaft kann an dieser Stelle auf Peter Borscheid (1995) verwiesen werden. Aus historischer Perspektive beleuchtet er in detaillierter Form die zeitgeschichtlichen Entwicklungslinien der Versicherungswerbung. Der von Borscheid attestierte Sachverhalt der gesteigerten Adressierung und Antizipation der

fortgeschrittenen Lebensphase, wird auch von Susanne Femers umfassender betrachtet. In ihrem Werk „Die ergrauende Werbung" (2007) bezieht sich die Diplom-Psychologin dabei in einem eigenständigen Kapitel auf den Versicherungssektor. Femers arbeitet drei wesentliche Funktionen der Versicherungswerbung heraus. Während die „Dialog- und Aufklärungsfunktion" (ebd.: 155) in erster Linie auf die Veranschaulichung möglicher Versorgungsengpässe abziele, stehe bei der „Beweis- und Glaubwürdigkeitsfunktion" (ebd.: 158) die Inszenierung der Kompetenz des Versicherers im Vordergrund. Die darauf aufbauende „Imperativ- und Appellfunktion" (ebd.) fordere im Zuge dessen zum Handeln – also zum Erwerb des Versicherungsprodukts – auf (vgl. ebd.: 155–159).

Allgemein kann im Versicherungswesen zwischen mehreren Werbeformen unterschieden werden. So können einzelne Versicherungsprodukte beziehungsweise Produktsegmente, als auch ein Versicherungsunternehmen im Ganzen im Fokus der Werbebotschaft stehen. Bei der Bewerbung des letzteren rückt dabei das spezifische Image eines Versicherers in den Vordergrund (vgl. Hujber 2005: 100–104). Wie Nazim Diehl betont, zielt Imagewerbung darauf ab, „eine (Kauf-)Entscheidung über den Umweg eines positiven Images" (Diehl 2019: 213) einzuleiten. In seiner diskursanalytischen Studie widmet er sich der Auswertung mehrerer Werbespots der ERGO und R+V Versicherung. Diehl gelangt zu der Feststellung, dass die Versicherungen aktiv das eher negative Image ihrer Branche aufgreifen. Mittels diverser Strategien werde dann der Versuch unternommen, sich von der Konkurrenz abzugrenzen und den eigenen Markenkern mit positiv besetzten Vorstellungen aufzuwerten (vgl. ebd.: 221). Neben den hier näher betrachteten Studien lassen sich noch weitere Publikationen zur Versicherungswerbung finden (vgl. Luttermann/Rothhaar 2016; Diehl 2016). So kann an dieser Stelle auch auf die Arbeiten Viktorija Fiodorovas (2012) und Svetlana Isings (2006) verwiesen werden. Während Fiodorova sich der ERGO-Werbung in den baltischen Ländern zuwendet, analysiert Ising den Internetauftritt von Versicherungsunternehmen in Russland.

Hinsichtlich des Forschungsansatzes der Arbeit – bei der es primär um die Auswertung von Websiteinhalten geht – stellt sich hier nunmehr eine wichtige Frage: Handelt es sich bei Internetwebsites wirklich um Werbung? Die Forschungslandschaft ist sich dabei uneins. In manchen wissenschaftlichen Betrachtungen werden diese dezidiert ausgeklammert. Mit Blick auf „klassische" Online-Werbeformen richtet sich ihr Blick eher auf Internetbanner, E-Mailkampagnen und Suchmaschinenanzeigen (vgl. Lammenett 2007). Nimmt man allerdings die oben angeführte Definition von Werbung als Grundlage der Bewertung, so können Websites durchaus als eine Werbeform aufgefasst werden. Laut der Linguistin Nina Janich lassen sich Internetauftritte von Unternehmen deshalb auch als „Abrufwerbung" (Janich 2002: 143) klassifizieren. Ihr wesentliches Charakteristikum stellt dabei der Sachverhalt dar, dass Nutzer*innen sie aktiv ab- bzw. aufrufen müssen. Auf Unternehmenswebsites zeigt sich allgemein „eine neuartige, medienspezifische Kombination von Anzeige, Fernsehspot und Prospekt/Katalog" (ebd.: 144). Ein wichtiges Merkmal ist hierbei der Sachverhalt, dass die angebotene Informationsfülle weit umfänglicher ist als bei anderen Werbeformen. Diese hervorgehobene Stellung der Informationsvermittlung offenbart sich darüber hinaus auch in textueller Hinsicht, denn Unternehmenswebsites zeichnen sich in erster Linie durch einen nüchtern-sachlichen Sprachgebrauch aus. Plakative Werbebotschaften und knackige Slogans spielen demgegenüber lediglich eine untergeordnete Rolle (vgl. ebd.: 145–155).

Zur wissenschaftlichen Analyse von Websites ist einiges an Forschungsliteratur in der Zwischenzeit erschienen. Die thematische Bandbreite fällt vielseitig aus und reicht von der Betrachtung von Politiker-Homepages (vgl. Klemm 2007), über Unternehmensseiten (vgl. Prieto 2011), bis hin zu Webanalysen von Museumsseiten (vgl. Gebhardt 2013). Im Versicherungskontext gab es vor allem zu Beginn der 2000er Jahre eine rege Beschäftigung mit der Thematik (vgl. Bechmann 2002; Bauer, Hans/Sauer, Nicola/Brugger, Nicole 2002; Mahofsky 2006). Es handelt sich dabei ausschließlich um wirtschaftsnahe Betrachtungsansätze, deren Ziel insbesondere in der Erörterung neuer Online-Absatzmöglichkeiten bestand. Mit Blick auf die Websites ist dabei erwähnenswert, dass die Arbeiten die vielschichtige Funktion der Onlineplattformen hervorheben. Versicherungswebsites dienen demgemäß nicht nur der Selbstdarstellung der Unternehmen, sondern weisen noch weitere Funktionalitäten auf. Da sie detaillierte Produktinformationen und Beratungshinweise liefern und die Möglichkeit des Online-Abschlusses bieten, dienen sie zum einen der Kundenakquise. Darüber hinaus können sie komplementär dazu die Funktion der weitergehenden Kundenbetreuung ausfüllen (vgl. Bechmann 2002: 49).

Im Anschluss an das rege Anfangsinteresse ist in den Folgejahren die Aufmerksamkeit auf die Thematik merklich abgeebbt. Das wirtschaftswissenschaftliche Augenmerk richtete sich zunehmend auf neuere Onlinewerbeaspekte; vor allem im Bereich Social Media (vgl. Jauering u. a. 2017; Schumacher 2019 [2010]). Eine Ausnahme bilden dabei zwei Artikel, die in dem 2010 erschienenen Sammelband „Versicherer im Internet" (Raake/Pispers 2010) publiziert wurden. Beide Arbeiten wenden sich dem individuellen Nutzer*innenverhalten zu und betonen im Zuge dessen die Notwendigkeit eines übersichtlichen und leicht erschließbaren Websiteaufbaus (vgl. Beck 2010; Hierneis 2010). Die individuelle Rezeption würde dabei besonders durch die integrierten Bildmotive gesteuert werden, da sie „Einstiegs- und Ankerpunkte des Blickverlaufs" (Hierneis 2010: 163) darstellen. Um eine fundierte Versicherungsvermittlung zu gewährleisten, würde es deshalb besonders auf eine emotionale Gestaltung der Webseiteninhalte ankommen (vgl. ebd.).

Wie wir sehen sind Versicherungswebsites noch ein relativ unerschlossenes Forschungsfeld. Gerade in den Sozial- und Kulturwissenschaften wurde sich damit noch nicht nähergehend beschäftigt. Dieser Studie kommt deshalb eine Pionierfunktion zu, denn in ihr wird das grundlegende Bild- und Semantikrepertoire der Kund*innenansprache erschlossen. Mit Blick auf den Werbekontext können die Versicherungswebsites – neben den weiteren hier vorgestellten Funktionalitäten – als Mittel der „persuasive[n] Kommunikation" (Bohrmann 2010: 293) aufgefasst werden. Es ist nun genau dieser – auf die Zukunft gerichtete – Überzeugungsprozess im Zuge der Versicherungskommunikation, dessen Analyse den Kern der Arbeit bildet. Was dabei die methodische Herangehensweise anbelangt, so wird sie im nachfolgenden Kapitel erläutert.

1.3 Methodisches Vorgehen

Zur Beantwortung der Fragestellung habe ich mich für die Wissenssoziologische Diskursanalyse (WDA) entschieden. Es handelt sich hierbei um ein diskursanalytisches Forschungsprogramm, das von dem Wissenssoziologen Reiner Keller ausgearbeitet wurde. Aufgrund ihres umfassend ausgearbeiteten Forschungsrahmens wird auf die WDA in den deutschen Kultur- und Sozialwissenschaften stark rekurriert. Mit Blick auf einschlägige Artikel in aktuellen Methodenbänden des Faches, lässt sich dies auch für die Empirische Kulturwissenschaft bescheinigen (vgl. Kiefl 2014; Eggmann 2013).
Der zentrale Fokus der WDA richtet sich auf die Konstruktion von gesellschaftlichen Wissensordnungen, die diskursiv erzeugt werden und im großen Maßstab die Wahrnehmung der sozialen Wirklichkeit und die darauf aufbauenden Handlungsmuster prägen. In Anlehnung an Michel Foucault versteht Reiner Keller unter einem Diskurs einen „Komplex von Aussageereignissen und darin eingelassenen Praktiken, die über einen rekonstruierbaren Strukturzusammenhang miteinander verbunden sind und spezifische Wissensordnungen der Realität" (Keller 2011 [2005]: 235) hervorbringen. Diskurse strukturieren Bedeutungszuschreibungen, konstituieren Wissensverhältnisse und tragen dadurch zur „diskursiven Konstruktion der Wirklichkeit" (Keller 2013: 27) bei. Die erwähnten Aussageereignisse nehmen dabei generell die Gestalt von typisierbaren Kommunikationsmustern an. Sie setzen sich aus diversen „Äußerungen" (Keller 2011 [2005]: 235 f.) zusammen, die Keller als einmalige Kommunikationsereignisse charakterisiert. In einem Diskurs werden nun diese singulären Diskursereignisse strukturell geordnet und treten in Form von typischen „Aussagen" (ebd.) in Erscheinung. Der Fokus der WDA liegt nun auf der Analyse des typischen Gehalts dieser Aussageformationen, auf den gemeinsamen Strukturmustern und der Regelhaftigkeit ihrer Produktion (vgl. ebd.).
Im Kontext meiner Studie ist es nun wichtig darauf hinzuweisen, dass es sich bei Aussagen nicht lediglich um sprachliche Muster handeln muss. Auch Bilder und anderweitige Visualisierungen sind diskursiv verankert, denn sie „bilden Realität nicht einfach

ab, sondern beteiligen sich an der Konstruktion von gesellschaftlicher Realität" (Maasen u. a. 2006: 19). Aus diesem Grunde lassen sie sich nach Keller auch als spezifische Aussageereignisse charakterisieren (vgl. Keller 2016). Bei der diskursanalytischen Betrachtung von Visualisierungen ist dabei besonders ihre Einbettung in den übergreifenden Diskurskontext zu berücksichtigen. Eine Analyse hat deshalb immer auch auf die „Textumfelder und seriellen Diskursstrukturierungen, in denen die Abbildungen erscheinen, und die durch die Interpreten jeweils als Sinn- oder Interpretationshorizont konstituiert werden" (ebd.: 79) zu achten.

Nun handelt es sich bei der Wissenssoziologischen Diskursanalyse nicht um eine spezifische Methodik, die klar definierte Ablauf- und Analyseverfahren postuliert. Vielmehr stellt sie in erster Linie ein Forschungsprogramm dar. Die WDA liefert somit primär einen umfassenden theoretischen Reflexionsrahmen, mithilfe dessen die Diskursstrukturen beschrieben und analysiert werden können (vgl. Kiefl 2014: 434). Wichtige Analysekategorien ergeben sich insbesondere aus dem „diskurstypische[n] Interpretationsrepertoire" (Keller 2011 [2005]: 240). Es handelt sich hierbei um Strukturierungskomponenten, die zusammengenommen die Formation eines Diskurses bestimmen. Nach Reiner Keller kann in diesem Kontext zwischen „Deutungsmustern", „Klassifikationen", der „Phänomenstruktur" sowie der „narrativen Struktur" eines Diskurses unterschieden werden (ebd.).

Aufgrund der Fragestellung richtet sich der primäre Fokus meiner Studie auf den letzten Aspekt. In der narrativen Struktur werden „die unterschiedlichen Deutungselemente eines Diskurses zu einem zusammenhängenden, erzählbaren Gebilde" (ebd.: 252) verstrickt. In ihr treten die typischen Aussagen, Deutungsmuster und wertenden Klassifikationen als „story line" (ebd.) in Erscheinung. Sie lässt sich deshalb auch als den „roten Faden" (ebd.) eines Diskurses beschreiben, bei dem oftmals heterogene Erzählkomponenten integriert und vielfältige Kausalzusammenhänge hergestellt werden (vgl. ebd.). Genau hierauf zielt meine Analyse der Versicherungswebsites ab. Welche narrative Form nehmen die Zukunftserzählungen auf den entsprechenden Internetseiten an? Um was für eine Plotstruktur handelt es sich also und auf welchen typischen Aussagen baut diese auf? Ein besonderes Augenmerk kommt dabei der Einbettung und Verknüpfung unterschiedlicher Arten des Zukunftsbezugs zu. Zukünftiges wird auf den ausgewerteten Versicherungsseiten in vielfältiger Form imaginiert. Sowohl auf der textuellen als auch auf der visuellen Ebene lassen sich diverse Imaginationsstrategien ausmachen. Zusammengenommen fügen sie sich zu einem konsistenten Erzählungskorsett, dessen diskursive Struktur in der Arbeit erörtert werden soll.

Nun steht am Beginn einer jeden Forschungsarbeit die Definition des Forschungsfeldes. Aufgrund meines Forschungsinteresses war klar, dass für die Beantwortung der Fragestellung eine aussagekräftige Anzahl an Versicherungswebsites den Auswertungsrahmen bilden sollen. Gleichwohl galt es nicht die einzelnen Versicherungsseiten

in ihrer Gänze zu analysieren, denn diese sind überaus vielschichtig aufgebaut und zielen auf unterschiedliche Funktionsbereiche ab (siehe Kap. 1.2). Da sich der Fokus meiner Fragestellung auf die Konstruktion von Zukunftsimaginationen richtet, sollte vor allem die versicherungsspezifische Produktkommunikation eruiert werden. Aus diesem Grunde wurde die Materialerhebung auf bestimmte Onlineproduktseiten beschränkt. Es handelt sich hierbei um ein selektiv definiertes Sampling, denn das im Internet angepriesene Produktspektrum ist wiederum sehr reichhaltig und heterogen. Zukunftsimaginationen auf den Tier- oder KFZ-Versicherungsseiten erschienen in einer kulturwissenschaftlich verankerten Perspektive von geringer Signifikanz. Da es mir allgemein darum ging, personenbezogene Zukunftsbilder und -semantiken zu analysieren, begrenzte ich meinen Betrachtungsrahmen auf Produktseiten der jeweiligen Lebensversicherungssparten – genaugenommen auf die Onlineseiten zur Altersvorsorge, Risikolebensversicherung und Berufsunfähigkeitsversicherung. Mithilfe dieses Analyserahmens konnten die zentralen Vorsorgebereiche der Alters-, Einkommens-, sowie Hinterbliebenenabsicherung abgedeckt werden. Maßgeblich für die Auswahl war dabei die Vermutung, dass je nach Produktkontext auch unterschiedliche Zukunftsvorstellungen den Kern des jeweiligen Vermittlungsprozesses bilden. Was den quantitativen Umfang des ausgewerteten Materials anbelangt, so bin ich dabei nach dem Prinzip der theoretischen Sättigung vorgegangen. Es galt so lange neues Material weiterer Versicherungsunternehmen miteinzubeziehen, bis sich keine neuen Diskursformationen mehr zeigten. Demgemäß wurden in der Analyse die Onlineproduktseiten von insgesamt 16 deutschen Versicherungsunternehmen ausgewertet.
Im Zentrum meiner diskursanalytischen Auswertung stand zunächst die Materialerhebung. Dabei ist wichtig zu betonen, dass sich die Produktseiten der Versicherungsunternehmen durch eine Multimodalität auszeichnen. Bilder, Textbeschreibungen und audiovisuelle Medien gehen dabei eine Symbiose ein. Sie erzeugen eine emblematische Struktur der Produktseiten, die in ihrer Gesamtgestalt eine Erzählung bezüglich des Zukunftskontexts der Versicherungsleistung vermitteln. Aufgrund des dynamischen Charakters von Internetwebsites war die digitale Speicherung des Datenmaterials wichtig. Hierzu wurden Datenbanken erstellt, in die das Material im Zuge eines ersten hermeneutischen Durchlaufs abgelegt wurde. Darauf aufbauend erfolgte die diskursanalytische Auswertung, bei der es primär darum ging, serielle Aussagestrukturen und Muster der Repräsentation herauszuarbeiten. Die Diskursfragmente wurden deshalb nicht als Einzelphänomene – die für sich selbst stehen – betrachtet, sondern als diskursiv eingebettete Verweiskommunikate. Im Fokus stand deshalb immer die Frage, auf welche Kontexte die einzelnen Seitenbausteine verweisen und wie sie sich aufeinander beziehen beziehungsweise ergänzen. Der Analyse des „sich wechselseitig bedingenden, miteinander interagierenden Verhältnisse[s] zwischen Sichtbarem und Sagbarem" (Maasen u. a. 2006: 8) kam insofern große Relevanz zu. Mein methodischer

Ansatz stellt somit weder eine ikonologische Detailanalyse einzelner Versicherungsbilder noch eine auf Erläuterung aller Materialbefunde abzielende Inhaltsanalyse dar. Es geht vielmehr um das große Ganze, um die De- und Rekonstruktion des narrativen Plots der Zukunftsbezüge auf den entsprechenden Versicherungsseiten. Wobei dies allerdings nicht bedeutet, dass von der Analyse einzelner Deutungsmuster abgesehen wurde. Denn gerade im Kontext der WDA sind diese „typisierte[n] Interpretationsschemata" (Keller 2011 [2005]: 240) eine wichtige Grundlage für die Eruierung der narrativen Diskursstruktur. Sie stellen Bewertungsschablonen dar, die Sinn stiften und die Wahrnehmung von bestimmten Sachverhalten prägen (vgl. ebd.). Sie sind zentral für jeden Diskurs, denn sie „verknüpfen Faktisches mit Normativem, Argumentationen mit Beispielen und moralischen Schlussfolgerungen" (Keller 2013: 46). Aus diesem Grunde kam ihrer Sichtung und Auswertung eine wichtige Rolle in meiner diskursanalytischen Herangehensweise zu.
Mit Blick auf die narrative Gesamtstruktur der Zukunftsbezüge in der Versicherungskommunikation, galt es zuletzt die einzelnen Analysekategorien zu verdichten. Dieser Schritt zielte auf die Rekonstruktion des großen versicherungsspezifischen Erzählbogens ab. Die zentralen Diskurselemente wurden dabei sortiert, selektiert und der rote Faden ihrer Verweisstruktur herausgearbeitet. Dieses Vorgehen folgte dabei dem Ziel „einer theoretischen Integration aller kategorialen Konzepte unter einer konsistenzstiftenden Logik" (Breuer u. a. 2018 [2010]: 284).
Eine fundierte Präsentation der visuell-narrativen Struktur von Zukunftsvorstellungen im Versicherungswesen wird im vierten Kapitel dieser Studie erfolgen. In dem umfassenden Analysekapitel gilt es dabei den übergreifenden Gesamtzusammenhang darzustellen und die ermittelte Storyline anhand der zentralen Imaginationsbausteine exemplarisch zu veranschaulichen (vgl. ebd.: 286). Nicht zuletzt wird – unter Rückgriff auf gegenwärtige Forschungsliteratur – der sozio-kulturelle Hintergrund davon interpretiert. Um das theoretische Fundament hierfür zu schaffen, werden in den nun nachstehenden Kapiteln zunächst das Forschungsfeld der Versicherungswirtschaft (siehe Kap. 2) und darauffolgend, das theoretische Interpretationsgerüst der Studie spezifiziert (siehe Kap. 3).

2 Das Versicherungswesen in Deutschland – ein Überblick

Nachdem somit die zentrale Forschungsausrichtung der Studie dargelegt wurde, gilt es nun das Forschungsfeld der Versicherungswirtschaft tiefergehend zu erläutern. Dadurch soll ein allgemeiner Überblick über die wesentlichen Rahmenbedingungen des Forschungskontexts verschafft werden. Im folgenden Kapitel rückt deshalb zunächst die generelle Struktur des Versicherungswesens in Deutschland in den Fokus der Betrachtung. Diese gliedert sich dabei in zwei Versicherungsbereiche, deren zentrale Merkmale vorgestellt und miteinander verglichen werden. Im daran anknüpfenden Kapitel wird dann der Bereich des privatwirtschaftlichen Versicherungswesens spezifiziert und auf aktuelle Entwicklungslinien der Branche eingegangen (siehe Kapitel 2.2).

2.1 Sozialversicherung und Individualversicherung im Vergleich

In der Bundesrepublik Deutschland ist das Versicherungswesen in zwei große Bereiche unterteilt – dem der Sozialversicherung und dem der Individualversicherung. Bei beiden Modellen kommt jeweils das Versicherungsprinzip zum Tragen. Dieses besagt, dass die Finanzierung der Versicherungsleistungen in erster Linie durch Zahlungen eines Versichertenkollektivs zu erfolgen hat (vgl. Nguyen/Romeike 2013: 165). Die Grundstrukturen der beiden Versicherungsformen weisen dabei größere Unterschiede auf.
Ein zentrales Merkmal der Sozialversicherung besteht in ihrem Pflichtcharakter. Es handelt sich um eine staatlich organisierte Versicherungsform, die bei der Erfüllung bestimmter Kriterien automatisch greift. Die Versicherungspflicht setzt im Zuge dessen mit Inkrafttreten eines Arbeitsverhältnisses ein. Anders als bei der Individualversicherung ist die Anzahl der Sozialversicherungszweige klar festgelegt. Ihre aktuelle Zusammensetzung ist dabei das Resultat eines historischen Prozesses, der mit den Bismarck'schen Sozialreformen seinen Anfang nahm: Auf die Einführung der gesetzlichen Krankenversicherung im Jahre 1883, folgten Unfall- (1884), Renten- (1889) und Arbeitslosenversicherung (1927). Den jüngsten Sozialversicherungszweig bildet derzeit die gesetzliche Pflegeversicherung, die im Jahre 1995 eingeführt wurde. Die grundlegende Struktur der Sozialversicherung zielt in erster Regel auf die finanzielle Absicherung der grundsätzlichen Existenzrisiken ab. Sie tangiert allgemeine Gefährdungen, die alle Mitglieder des Versichertenkollektivs betreffen können. Das Solidaritätsprinzip bildet hierbei das Fundament der Sozialversicherung. Das heißt, dass die Leistungen der Sozialversicherung nicht allein auf der Höhe der individuellen Zahlungen der einzelnen Sozialversicherten beruhen. Diese variieren vielmehr, denn sie sind an das jeweilige Einkommen gekoppelt: Wer mehr verdient, zahlt auch mehr Geld in die Sozialkassen ein. Bei der Sozialversicherung handelt es sich somit um ein soziales Ausgleichssystem, bei dem sich die Versicherungsbeiträge aus dem individuellen

Leistungsvermögen der Bevölkerung zusammensetzen. Die Absicherungssummen werden zudem nicht nur von den Versicherten selbst, sondern auch durch die Arbeitgeber und durch staatliche Zuschüsse mitfinanziert (vgl. Keck 2015; Dorka 2019 [2010]). Im Gegensatz zur staatlichen Sozialversicherung stellt die Individualversicherung ein Angebot von privaten Versicherungsunternehmen dar. Wie der Name bereits andeutet, richtet sich diese Versicherungsform in erster Linie auf das individuelle Absicherungsbedürfnis einzelner Personen. Diese können freiwillig entscheiden, ob, in welchem Ausmaß, und bei welchem privaten Anbieter sie eine Versicherung abschließen wollen. Das Angebotsspektrum fällt dabei vielfältig aus und reicht von der gewöhnlichen Haftpflicht- oder Reisekrankenversicherung, bis hin zu komplexeren Vorsorgeangeboten. Anders als die Sozialversicherung ist die Individualversicherung ein Geschäftsmodell. Die Versicherungsunternehmen sind Wirtschaftseinheiten und handeln primär gewinnorientiert. Aufgrund dieses privatwirtschaftlichen Bezugsrahmens ist neben der Bezeichnung Individualversicherung deshalb auch der Begriff der Privatversicherung gebräuchlich. Die Beitragskalkulation erfolgt bei dieser Versicherungsform nach dem Äquivalenzprinzip, das von der Gleichwertigkeit des finanziellen Eigenbetrags mit der Versicherungsgegenleistung ausgeht (vgl. Nguyen/Romeike 2013; Dorka 2019 [2010]). Die Individualversicherung weist somit einen stark von der Sozialversicherung divergierenden Berechnungsansatz auf. Während erstere auf dem Konzept einer „einfache(n) Gegenseitigkeit" beruhen, basiert letztere auf einer „Vergesellschaftung der Verantwortung" im Zuge einer „reflexiven Gegenseitigkeit" (Bonß 1995: 212). Henning Schmidt-Semisch spricht mit Blick auf die beiden Versicherungsmodelle deshalb auch von zwei unterschiedlichen Formen gesellschaftlicher Gerechtigkeit, wobei er zwischen der „versicherungsmathematischen Gerechtigkeit" (Individualversicherung) und der „sozialen Gerechtigkeit" der Sozialversicherung unterscheidet:

„Wir haben es also mit zwei Grammatiken von Solidarität und Gerechtigkeit zu tun: Die erste ist die über den Markt vermittelte, freiwillig erworbene Solidarität des Versichertenkollektivs, die entsprechend der versicherungsmathematischen Gerechtigkeit hohe Risiken mit hohen und geringe Risiken mit geringen Tarifen belegt (Risikogleichheit bzw. Homogenität); die zweite ist die vom Staat erzwungene, de-kommodifizierte Solidarität des Sozialversicherungskollektivs, die entsprechend einer sozialen Gerechtigkeit die Tarife an das Einkommen und Kompensationsleistungen an soziale Bedürftigkeit knüpft (Risikoungleichheit bzw. Heterogenität)" (Schmidt-Semisch: 2007 [2000]: 170 f.).

Nach Schmidt-Semisch befinden sich beide Gerechtigkeitsformen indes in einem Spannungs- und Aushandlungsverhältnis. Die versicherungsmathematische Gerechtigkeit gewinnt dabei verstärkt an Bedeutung, während die soziale Gerechtigkeit an Relevanz einbüßt. Dies vollzieht sich in erster Linie im Zuge von staatlichen Maßnahmen, die

an anderen Stellen häufig mit dem Begriff des „aktivierenden Sozialstaat[s]“ (Lessenich 2013 [2008]: 84) zusammengefasst werden. Hiermit ist eine veränderte staatliche Regierungsweise gemeint, die seit geraumer Zeit vor allem auf Aktivierung und Selbstverantwortung der Bevölkerung abzielt. Dadurch wird Vorsorge – die ehemals sozialstaatliche Pflicht par excellence – immer mehr in die Verantwortungssphäre der Individuen gerückt. Diese haben nunmehr aktiv und in Eigenverantwortung selbstständig vorzusorgen, um gegen Altersarmut und anderen Notlagen umfassender abgesichert zu sein (vgl. Schmidt-Semisch 2007 [2000]: 171–176). Die Aktivierungsbestrebungen vollziehen sich dabei im Gleichschritt mit generellen staatlichen Umstrukturierungstendenzen im Vorsorgebereich. Im Bereich der Altersvorsorge haben die Rentenreformen ab Beginn der 2000er Jahre die Notwendigkeit zur privaten Vorsorge in den Vordergrund gerückt. Mit der Riester- und Rürup-Rente wurden neue Altersvorsorgemodelle installiert, die dezidiert im Bereich der Individualversicherung angesiedelt sind. Zwar beruhen diese Vorsorgemodelle auch auf staatlichen Fördermaßnahmen, letztendlich hängt aber die spätere Rentenleistung vom Anlagegeschick der privaten Vorsorgeinstitute ab. Die staatliche Stärkung des privatwirtschaftlichen Versicherungssektors zeigt sich zudem auch abseits der Altersvorsorge. Als ein Beispiel kann hierbei die Abschaffung der gesetzlichen Berufsunfähigkeitsrente im Jahr 2001 angeführt werden.
Ein großer Profiteur dieser Entwicklung stellt somit die private Versicherungsbranche dar. Ihr Anlagespektrum an unterschiedlichen Vorsorgeprodukten konnte die Branche dadurch steigern. Im nachfolgenden Kapitel lohnt es sich deshalb einen vertiefenden Blick auf diese Branche zu werfen.

2.2 Der privatwirtschaftliche Versicherungsmarkt

Der Versicherungsmarkt in Deutschland stellt einen bedeutenden Wirtschaftsbereich dar, sowohl mit Blick auf die rund 500.000 Angestellten als auch in Bezug auf die quantitative Verbreitung des Geschäftsfeldes. Nach Angaben des Gesamtverbands der Deutschen Versicherungswirtschaft (GDV) bestanden im Jahr 2018 insgesamt etwa 438 Millionen Versicherungsverträge. Die Anzahl an Versicherungsunternehmen beläuft sich aktuell auf 528 Gesellschaften. Diese große Vielfalt ergibt sich dabei aufgrund der in Deutschland bestehenden Spartentrennung, die zwischen Kranken-, Lebens- sowie Unfall- und Schadensversicherung differenziert. Bei den Sparten handelt es sich also um rechtlich eigenständige Unternehmen, die allerdings oftmals in einer übergreifenden Konzernstruktur – beispielsweise AXA, Allianz, HUK Coburg – angesiedelt sind. Die Spartentrennung ist rechtlich vorgeschrieben und zielt auf den Schutz der Finanzeinlagen der Versicherten ab. Mit Blick auf das Jahr 2016 existierten etwa

70 Versicherungskonzerne im deutschen Versicherungsmarkt (vgl. Gesamtverband der deutschen Versicherungswirtschaft 2019; Dorka 2019 [2010]: 63 f.).
Gemäß dem Sachverhalt, dass Versicherungen weniger gekauft, als vielmehr verkauft werden, stellt der aktive Vertrieb das grundlegende Geschäftsmodell der Branche dar. Dies korrespondiert mit einem weitverbreiteten und vielschichtigen Vertriebsnetz. Eine entscheidende Funktion kommt hierbei Versicherungsvermittler*innen zu, die im persönlichen Beratungsgespräch mit ihren Kund*innen bestimmte Versicherungsprodukte zum Erwerb anbieten. Darüber hinaus bestehen auch unmittelbarere Möglichkeiten – beispielsweise per Onlinevertrieb – einen Versicherungsvertrag abzuschließen. Allgemein lassen sich die Vertriebswege im deutschen Versicherungsmarkt in fünf Bereiche gliedern. (1) Der Vertrieb durch unternehmenseigene Geschäftsstellen mitsamt Beschäftigten, die im Unternehmen direkt angestellt sind. (2) Durch Einfirmenvertreter*innen, die an ein Unternehmen gebunden aber rechtlich gesehen selbstständige Außendienstmitarbeiter*innen darstellen. (3) Mittels Mehrfirmenvertreter*innen sowie dem Maklergeschäft. (4) Vonseiten Partnerunternehmen, insbesondere aus dem Bankenumfeld. (5) Durch den Direktvertrieb; ein Absatzkanal der vor allem auf Telefon- sowie Internetabschlüssen basiert (vgl. Altuntas/Uhl 2016: 19).
Im deutschen Versicherungsmarkt bildet nach wie vor das klassische Einfirmenvermittlungsgeschäft den wichtigsten Vertriebsweg (vgl. Gesamtverband der deutschen Versicherungswirtschaft 2019). Die Vertriebsstruktur befindet sich dabei gegenwärtig in einem generellen Umbruch. Viele Versicherungsvermittler*innen sind in den vergangenen Jahren aus dem aktiven Vertrieb ausgeschieden. Bei dieser „Vermittlerdämmerung" (Zeitschrift für Versicherungswesen 2019: 71) handelt es sich um einen kontinuierlichen Prozess, der in letzter Zeit an Bedeutung zugenommen hat (vgl. ebd.). Die Gründe für diese Entwicklung sind vielschichtig. Immer wieder werden dabei die massiven Veränderungen im Zuge der Digitalisierung betont. Nicht nur für den Vertrieb, sondern für die ganze Versicherungsbranche stellen sie gegenwärtig die größten Herausforderungen dar. Eine zentrale Bedeutung kommt hierbei einem sich ändernden Kund*innenverhalten zu. Viele Studien betonen, dass im Zuge der Digitalisierung die Erwartungshaltungen der Kund*innen, aber auch deren Machtposition steigen. So bieten Online-Vergleichsportale die Möglichkeit eines umfassenden Produktvergleichs, der sich bequem und schnell von Zuhause aus erledigen lässt. Darüber hinaus stellt das Internet allgemein breite Informations- und Austauschmöglichkeiten bereit. Die eigene Versicherungsrecherche gestaltet sich somit erheblich einfacher und ist dabei nicht zwangsläufig an ein persönliches Beratungsgespräch gebunden (vgl. Bain & Company 2013: 9; Lohse/Will 2019 [2010]: 9–11).
Die Informationsasymmetrien zwischen Versicherungsunternehmen und Kund*innen sinken demgemäß und die Interaktion verlagert sich verstärkt in den Bereich des Digitalen. Die Vorstellung vom „Hybriden Kunden" (Brüß 2018: 65) rückt deshalb verstärkt

in den Fokus der Versicherungsunternehmen. Diese Umschreibung spiegelt die zunehmende Verknüpfung von Offline- und Onlineaspekten im individuellen Nutzer*innenverhalten wider. Schon heute geht der Mehrheit der Versicherungsabschlüsse eine vorangegangene Internetrecherche voran. Dabei gibt es auch immer mehr Menschen, die sich vorstellen können, allein über Onlinekanäle ein Versicherungsprodukt zu erwerben (vgl. ebd.: 72). Aufgrund dessen wird verstärkt die Forderung laut, auf eine „Multikanalstrategie“ (ebd.: 74) zu setzen, bei denen sich die unterschiedlichen Kontaktfelder ergänzen, um eine bestmögliche Reaktion auf die geänderten Verhaltens- und Erwartungshaltungen zu gewährleisten. Die Rolle der Versicherungsvermittler*innen wird dabei nach wie vor als signifikant aufgefasst, denn gerade bei komplexen Versicherungsprodukten ist den Kunden*innen das persönliche Beratungsgespräch weiterhin wichtig (vgl. ebd.: 69).

Wie die weitere Entwicklung des Versicherungsmarktes in Deutschland aussehen wird, bleibt abzuwarten. Zukunftsimaginationen hierzu sind zweifelslos reichlich vorhanden. Ein weit verbreitetes Bedrohungsszenario geht dabei von einem potenziellen Markteintritt des amerikanischen Logistikunternehmens Amazon aus. Dieses könnte im Zuge dessen Versicherungen auf ihrer Onlinemarktplattform zum Erwerb anbieten. Gleichzeitig bestünde die Gefahr, dass Amazons Sprachassistenzsystem Alexa die Rolle der Versicherungsvermittler*innen gleich mitübernehmen könnte. Die Versicherungsunternehmen würden bei dieser Entwicklung eventuell zu austauschbaren Produktlieferanten degradiert werden (vgl. Haff 2017; Gerlach 2019: 14 f.).

An diesem Praxisbeispiel lässt sich die generelle Bedeutung von Zukunftsvorstellungen im wirtschaftlichen Kontext anschaulich festmachen. Um die eigene Marktposition auch zukünftig erhalten zu können, gilt es das potenziell Kommende imaginativ auszumalen, mögliche Bedrohungsszenarien zu antizipieren und angesichts dessen, aktive (Gegen-)Maßnahmen zu ergreifen. Die Zukunftsimaginationen verleihen der Zukunft ein Antlitz und geben dadurch Personen als auch Unternehmen die Chance, sich hierauf einzustellen (vgl. Beckert 2018). Es handelt sich hierbei um einen zentralen Aspekt für diese Studie. Im nun nachfolgenden Kapitel gilt es ihn – neben weiteren Aspekten – vertiefend zu erläutern.

3 Versicherungsvorsorge – eine kulturwissenschaftliche Annäherung

Nachdem nun auf das Versicherungswesen im Allgemeinen eingegangen wurde, begründet sich das Anliegen dieses Kapitels in einer kulturwissenschaftlichen Annäherung an den eigentlichen Vorgang der Versicherungsvorsorge. Dadurch soll das theoretische Fundament für den darauffolgenden Analyseteil geschaffen werden. Die Zielsetzung besteht dabei darin, die wesentlichen Kennzeichen der Versicherungspraxis herauszuarbeiten und eine kulturwissenschaftliche Perspektive auf die Thematik zu eröffnen. Aus diesem Grunde gilt es zunächst einmal eine Definition diesbezüglich aufzugreifen. In Bezug auf eine Charakterisierung des Gabler Versicherungslexikons

> „liegt ein Versicherungsgeschäft vor, wenn *gegen Entgelt* [Kap. 3.4] *für den Fall eines ungewissen Ereignisses* [Kap. 3.1] *bestimmte Leistungen versprochen* [Kap. 3.3] werden, wobei das übernommene *Risiko* [Kap. 3.2] auf eine Vielzahl durch die gleiche Gefahr bedrohter Personen verteilt wird" (Gabler Versicherungslexikon 2017 [2011]: 991).

In dieser Definition kommen mehrere Aspekte zum Vorschein, die in den nun anstehenden Kapiteln näher erörtert werden sollen. Da die soziale Verteilungslogik der Individualversicherung bereits erläutert wurde (siehe Kap. 2.1), widmen sich die kommenden Betrachtungen primär den vier im Zitat hervorgehobenen Phänomenbereichen. Generell dienen die nachfolgenden Kapitel dazu, die allgemeine Zukunftsbezogenheit der Versicherungspraxis vertiefend zu erläutern. Zu Beginn gilt es deshalb zunächst die grundlegende Relevanz von Zukunftsvorstellungen im kapitalistischen Wirtschaftssystem zu veranschaulichen und auf den Versicherungskontext anzuwenden (siehe Kap. 3.1). Daran anknüpfend richtet sich der Fokus auf die Perspektive des Risikos, in der Zukünftiges in einer ganz spezifischen Weise wahrgenommen wird (siehe Kap. 3.2). In den beiden darauffolgenden Kapiteln rückt dann die Zukunftsausrichtung der eigentlichen Versicherungsleistung in den Vordergrund der Betrachtung. Während das Kapitel 3.3 dabei zunächst den Versprechens- und Vertrauensaspekt im Zuge eines Versicherungsgeschäfts beleuchtet, soll im Kapitel 3.4 die temporale Struktur des Transfermediums Geld kulturwissenschaftlich spezifiziert werden. Abschließend gilt es dann, die einzelnen Zukunftsfacetten zusammenzufassen und theoretisch einzuordnen (siehe Kap. 3.5).

3.1 Der Versicherungsfall als fiktionale Erwartung

Im Kern des Versicherungsgeschäfts steht die Antizipation zukünftiger Zustände. Den Menschen ist es nicht möglich, das, was auf sie zukommt, vorauszusehen. Doch Leben

bedarf Planung und Handlung, auch gilt es sich gegen lauernde Gefahren und kommendes Unheil abzusichern. Als eine Institution des „Kontingenzmanagement[s]“ (Makropoulos 2004: 385) ist es eine der zentralen Charakteristika von Versicherungen, dass sie Zukünftiges in das Blickfeld ihrer Kund*innen ziehen. Sie vergegenwärtigen mögliche Zukünfte, betonen damit verbundene Gefahren und vermitteln eine dagegen gerichtete Absicherungsleistung gegen Gebühr.
In Bezug auf Niklas Luhmann lässt sich der Fokus dieser Zukunftsantizipation dabei als einen Modus der „gegenwärtigen Zukunft“ (Luhmann 1990: 129) beschreiben. Im Unterschied zu der „zukünftigen Gegenwart“ (ebd.) – also der Zustand der Welt, der sich letztendlich einstellen wird – ist die gegenwärtige Zukunft eine Projektion. Es ist die Art und Weise wie Menschen die Zukunft aus dem Hier und Jetzt betrachten. Da sich die zukünftige Gegenwart immer dem menschlichen Antizipationsbemühen entziehen wird, ist es allein die gegenwärtige Zukunft, welche die Bildung von Zukunftsvorstellungen erst ermöglicht. Diesen kommt dabei eine wesentliche Scharnierfunktion zu. Sie öffnen den Blick auf das, was danach kommen könnte und vermitteln dadurch die vermeintliche Möglichkeit sich darauf einzustellen (vgl. ebd.: 128–135).
Nach dem Soziologen Jens Beckert lässt sich die oben geschilderte Vergegenwärtigung der zukünftigen Gegenwart als einen Imaginationsakt charakterisieren. Die dabei erzeugten Zukunftsvorstellungen stellen – so Beckert – „fiktionale Erwartungen“ (Beckert 2018: 23) dar. Diese lassen sich als „Bilder [verstehen], die ein Akteur in seiner Vorstellung heraufbeschwört, wenn er über zukünftige Zustände der Welt nachdenkt, auf die Art, wie er sich die Kausalbeziehungen und die Handlungen ausmalt, mit denen er die Ergebnisse beeinflussen will“ (ebd.: 23 f.).
An dieser Stelle ist wichtig darauf hinzuweisen, dass der Begriff der Fiktion in unserer Gesellschaft eher negativ konnotiert ist. Das Fiktive gehöre in die Sphäre des Erfundenen und Fingierten, dessen was nichts mit der Realität zu tun habe – so vielfach die Annahme. Aus einer anderen Perspektive betrachtet Beckert den Begriff. Für ihn steht ihr positiv ermächtigendes Potenzial im Vordergrund. Fiktionen erlauben es den Protagonisten sich imaginierte Zukünfte auszumalen und gewähren infolgedessen Handlungsfähigkeit (vgl. ebd.: 24). Grundsätzlich wird dies durch ein „So-tun-als-ob“ ermöglicht, das „Zuversicht weckt und die Akteure dazu veranlasst, sich so zu verhalten, als ob die Imagination die ‚zukünftige Gegenwart‘ (...) wäre“ (ebd.).
Nach Jens Beckert sind solche Zukunftsvorstellungen nicht lediglich ein sozio-ökonomisches Randphänomen. In seinem Hauptwerk „Imaginierte Zukunft“ (2018) charakterisiert er fiktionale Erwartungen als die entscheidenden Triebfedern des kapitalistischen Wirtschaftssystems. Wesentliche Bausteine des Kapitalismus beruhen darauf. Unser modernes Zahlungssystem ist ein Beispiel dafür. So erhält Geld – als die ökonomische „Ur-Fiktion“ (Künzel 2014: 147) schlechthin – erst durch die fiktive Wertvorstellung ihre Wirkmächtigkeit. Auch basieren das Kreditwesen sowie

Investitionsentscheidungen auf der imaginierten Erwartung zukünftigen Profits. Ähnlich verhält es sich bei Innovationsbestrebungen. Durch das kognitive Ausmalen von technologischen Neuerungen und den damit verbundenen Gewinnchancen, werden die Bestrebungen zu deren Verwirklichung erst aktiviert (vgl. Beckert 2018: 33–34).
Jens Beckert verweist darauf, dass in der wirtschaftlichen Praxis Zukunftsimaginationen in erster Linie narrativ vermittelt werden. Sie sind eingebettet in Geschichten und Erzählungen, die gegebene Aspekte mit imaginären Überzeugungen verbinden (vgl. ebd.: 115). Dabei kommt es häufig zum Einbezug von „Instrumente[n] der Imagination" (ebd.: 25) – beispielsweise Prognosen oder Wahrscheinlichkeitsrechnungen – die den Erzählungen den Eindruck der ökonomischen Seriosität verleihen. Obwohl die Zukunft nie vorausgesagt werden kann, ermächtigen diese Instrumente die jeweiligen Akteure sich auf vermeintlich Zukünftiges einzustellen. Die offene und kontingente Zukunft wird dabei „defuturisiert" (Luhmann 1990: 130). Übrig bleiben wenige Szenarien, die als Orientierungsstützen fungieren und Aktionen – unter der grundlegenden Bedingung der Ungewissheit – ermöglichen (vgl. Beckert 2018: 118–125).
Wie bereits einleitend erwähnt, bestimmen Zukunftsimaginationen auch den wesentlichen Kern der Versicherungspraxis. Ihre fiktionale Struktur ist klar ersichtlich: Die Zukunft wird mit Narrativen und Bildern imaginiert, um dadurch auf einen möglichen Absicherungsbedarf hinzuweisen. Anders als Beckert mit Blick auf die grundlegende Struktur des Kapitalismus erläutert, folgen Versicherungsfiktionen somit nicht einer Logik des Zuversicht-Schaffens. Vielmehr antizipieren sie Zukünftiges aus einer Perspektive der Sorge heraus. Der Terminus der Sorge lässt sich dabei durch die Doppelstruktur der Zustände des „In-Sorge-Seins" sowie des „Sich-sorgend-Kümmerns" charakterisieren (Sasse 2019: 52). Der Sorge-Fokus folgt dabei einem besonderen Interpretationsschema: dem der Risikowahrnehmung. Ihre grundlegende Struktur soll im folgenden Kapitel näher erläutert werden.

3.2 Risiko als Wahrnehmungsmuster

Wie bereits im vorangegangenen Kapitel angedeutet, stellt die Risikowahrnehmung einen zentralen Aspekt des modernen Versicherungswesens dar. Beide Komponenten sind aufs Engste miteinander verbunden und bedingen sich oftmals gegenseitig. Dies zeigt allein schon der Blick auf ihre historische Entwicklung. Die Breitenwirkung beider Phänomene vollzog sich in einem bestimmten zeitgeschichtlichen Kontext. Als richtungsweisend kann hierbei eine Änderung in der gesellschaftlichen Zeitwahrnehmung angeführt werden.
Bis weit in die frühe Neuzeit hinein galt das menschliche Leben eingebettet in einen heilsgeschichtlichen Kontinuitätsrahmen. Gefahren und Unsicherheiten wurden zwar als gegeben, allerdings von Gott determiniert, aufgefasst. Die Zukunft war etwas

Geschlossenes und Vorherbestimmtes und lag nicht in der Hand der Menschen selbst. Dies änderte sich mit dem Aufkommen der Aufklärung und dem damit verbundenen Bedeutungszuwachs der menschlichen Ratio und Handlungsmacht. Zukunft wurde nun nicht mehr primär als etwas Feststehendes, sondern als offen und veränderbar angesehen. Unsicherheiten und Gefahren waren nach wie vor gegeben. Das Neue war nun allerdings, dass sie sich im menschlichen Entscheidungshorizont befanden (vgl. Reith 2004: 384).

Für das Aufkommen der Risikowahrnehmung war diese neue Auffassung einer offenen und beeinflussbaren Zukunft konstitutiv: „Risk refers to hazards that are actively assessed in relation to future possibilities. It only comes into wide usage in a society that is future-oriented – which sees the future precisely as a territory to be conquered or colonized“ (Giddens 1999: 2). Es ist also erst die Zukunftsantizipation unter der Prämisse der eigenen Handlungsmacht, die dem Risikokonzept und den damit einhergehenden Absicherungsstrategien Relevanz verleiht.

Um das Phänomen der Risikowahrnehmung konzeptionell zu spezifizieren, ist zunächst der Hinweis wichtig, dass es sich hierbei nie um etwas objektiv Gegebenes handelt. Risiken haben vielmehr einen konstruktivistischen Charakter und treten im Modus des Möglichen auf. „The notion of ‚risk‘ expresses not something that has happened or is happening, but something that might happen“ (Reith 2004: 386). Mit Bezug auf das Versicherungswesen charakterisiert der Foucault Schüler François Ewald deshalb auch Risiko als ein „Rationalitätsschema“ (Ewald 1993: 210) – also ein bestimmtes Wahrnehmungsmuster – das in spezifischer Weise Zukünftiges antizipiert.

> „Im Versicherungswesen bezeichnet Risiko weder ein Ereignis noch einen Typus von Ereignissen, die in der Realität stattfinden – die ‚Unglücks‘-Ereignisse –, sondern einen spezifischen Umgang mit bestimmten Ereignissen, die einer Gruppe von Individuen (...) widerfahren können. An sich ist nichts ein Risiko, es gibt kein Risiko in der Realität. Umgekehrt kann alles ein Risiko sein, alles hängt ab von der Art und Weise, in der man die Gefahr analysiert, das Ereignis betrachtet“ (ebd.).

Die Risikobeurteilung ist somit immer ein soziales Konstrukt. Je nachdem wie bestimmte Sachverhalte wahrgenommen werden, können die unterschiedlichsten Risiken in den Fokus rücken. Alles kann zu einem Risiko gemacht werden, entscheidend ist, dass es als solches klassifiziert wird und Menschen ihre Wahrnehmung danach richten.

Ein wesentliches Merkmal der Risikowahrnehmung stellt ihre „Handlungs- und Entscheidungsbezogenheit“ (Bonß 2010: 41) dar. Anders als nicht beeinflussbare Gefahren, sind Risiken immer auf die Einflusssphäre der Subjekte bezogen. Sind einzelne Risiken erst einmal identifiziert, gilt es sich in irgendeiner Art und Weise dazu zu positionieren (ebd.: 41). Mit Blick auf das Versicherungswesen kann es sich dabei um den Abschluss eines Versicherungsvertrags handeln, der im Fall der Fälle eine finanzielle Kompensationsleistung verspricht. Die Handlungsbezogenheit des Risikomusters nimmt dabei eine universelle Geltung an. Auch der Nichtabschluss einer Versicherung ist eine Entscheidung. An sich können Risiken gar nie vollständig eigedämmt werden, denn das Treffen einer bestimmten Entscheidung lässt oftmals weitere Risiken erst entstehen. Im Versicherungskontext wäre beispielsweise der Versicherungsabschluss bei einem späteren Nichteintritt des Schadenfalls zu nennen. Hier wäre das Risiko darin begründet, die ganzen Versicherungsprämien umsonst gezahlt zu haben. Egal wie man sich also positioniert, Risiken bleiben unvermeidlich (vgl. Luhmann 1996: 273). Es geht deshalb um ein Abwiegen des Für und Widers der eigenen Entscheidungen und der damit verbundenen (möglichen) Konsequenzen. Die Kontingenz des Zukünftigen wird dadurch an die Individuen überantwortet. Das Rationalitätsschema des Risikos ist somit immer auch ein Medium der „Responsibilisierung" (Schmidt-Semisch 2004: 223). Liegt die Zukunft erst einmal in der Hand der Menschen selbst und basiert auf ihren eigenen Entscheidungen, so müssen diese im Umkehrschluss auch die Rechenschaft hierfür übernehmen (vgl. Bonß 2010: 42).

Ein hieran anknüpfendes weiteres Merkmal des Wahrnehmungsmusters des Risikos fußt auf der Annahme seiner Berechenbarkeit. „For an event to be a risk, it must be possible to evaluate its probability" (Ewald 1991: 201 f.). Im Versicherungswesen sind deshalb auch Statistiken und Wahrscheinlichkeitsrechnungen von großer Relevanz. Durch sie werden Risiken letztendlich erst konstituiert. Die ungewisse Zukunft wird mit ihrer Hilfe in Wahrscheinlichkeiten transformiert. Die mathematischen Rechenoperationen beruhen dabei immer auf einer „Virtualisierung von Wirklichkeit" (Bonß 1995: 222). Sie stellen eine „irreale, aber realistische Realität" (Esposito 2007: 57) zur Verfügung, auf die sich die Individuen bei ihrer Entscheidungsfindung berufen können. Sie gehen dabei verallgemeinernd und entsubjektivierend vor, denn den tatsächlichen Einzelfall können sie nicht widerspiegeln. Bei Wahrscheinlichkeiten handelt es sich somit wiederum um Fiktionen, die die Zukunft antizipieren und dadurch Planbarkeit versprechen (vgl. ebd.: 31–35).

Zusammenfassend sind Risiken somit nie etwas objektiv Gegebenes, sondern die Art und Weise Zukünftiges in bestimmter Manier wahrzunehmen. Das Rationalitätsschema des Risikos konfrontiert die Individuen mit der Unsicherheit der Zukunft und verlangt nach Entscheidungen. Risiken müssen dabei nicht etwas per se Bedrohliches darstellen. Sie können auch durch die Auffassung der Chance determiniert sein (vgl. Stäheli 2006: 27). Die Anlagestrategien von Lebensversicherungen spiegeln diesen Sachverhalt wider. Je nach gewählter Anlagestrategie (und der damit verbundenen Eigenverantwortung) kann das Eingehen größerer Risiken mit einer größeren Rendite einhergehen. Auf der anderen Seite steht dabei die Möglichkeit eines herben finanziellen

Verlusts. Wie wir im nun anstehenden Kapitel sehen werden, kommt deshalb dem sozialen Beziehungs- und Vertrauensverhältnis zwischen Kund*innen und Versicherungsunternehmen eine zentrale Bedeutung zu.

3.3 Leistungsversprechen und Vertrauen

In den vorangegangenen Kapiteln wurden bereits mehrere Merkmale der zeitlichen Struktur von Versicherungsleistungen herausgearbeitet. Wesentlich ist dabei die Feststellung, dass das Geschäftsmodell von privaten Versicherungsgesellschaften zukunftsorientiert – also auf die Zukunft hin ausgerichtet – ist. Der Kern der Kommunikationsmaßnahmen dreht sich dabei um die Imagination von risikobehafteten Zukunftsereignissen. Die angebotenen Versicherungsleistungen knüpfen an diese Zukunftsvorstellungen an und versprechen eine finanzielle Kompensation im Schadensfall bzw. einen finanziellen Mehrwert im Falle einer privaten Rentenversicherung. In diesem Kapitel soll nun der hier zum Vorschein kommende Sachverhalt des Leistungsversprechens näher betrachtet werden.

Zunächst kann festgehalten werden, dass es sich bei einem abgeschlossenen Versicherungsprodukt a) um eine zeitversetzte finanzielle Dienstleistung handelt, die b) in vielen Fällen gar nicht zum Tragen kommt, da sie sich auf Eventualitäten – mögliche Unfallereignisse et cetera – bezieht. Die Versicherungsleistung richtet sich deshalb in einer mehrfach miteinander verschränkten Weise auf die Zukunft. In dieser Hinsicht lässt sich ihr Charakter auch weniger durch die Gewährleistung einer „Zustandsgarantie" (Hujber 2005: 51) beschreiben. Diese Beschreibung wird des Öfteren aufgegriffen, ist allerdings bei genauerer Betrachtung problematisch; denn erstens evoziert der Begriff eine missverständliche Sicht auf den Vorgang des Schadensausgleichs, der sich ja gerade nicht durch einen Konservierungs- sondern einen finanziellen Kompensationsvorgang auszeichnet. Zweitens kann die Auszahlungssumme – beispielsweise bei Rentenversicherungsprodukten – im Vorfeld nie garantiert vorausgesagt werden. Ein eindrückliches Beispiel hierfür liefert die Renditeentwicklung der staatlich geförderten Riesterrente. Wie sich gegenwärtig zeigt, erweisen sich die ehemals prognostizierten Renditeerwartungen als reine Makulatur (vgl. Bund der Versicherten 2019).

Aufgrund dieser Kontrastierung kann nun das eigentliche Wesen des Versicherungsprodukts in den Vordergrund rücken: Bei der Leistung einer Versicherung handelt es sich um ein finanzielles Versprechen. Dieses Leistungsversprechen ist auf die Zukunft ausgerichtet und verbindet die involvierten Parteien in zeitlicher Hinsicht. Einen wichtigen Input für diese Betrachtungsweise liefert Karin Knorr Cetina. Ihren Bezugspunkt bilden zwar Finanzmärkte, ihre Aussagen lassen sich aber auch auf das Versicherungsgewerbe anwenden. Grundlegend ist dabei ihre Ansicht, wonach sich Finanzmärkte von Konsumgütermärkten unterscheiden und sich deshalb nicht primär durch eine

Tauschbeziehung (Geld gegen Ware) charakterisieren lassen (vgl. Knorr Cetina 2010: 328). Der wesentliche Unterschied besteht darin, dass die Geschäftsbeziehung bei Finanztransaktionen nach vollzogenem Geldtransfer nicht endet, sondern gerade dann erst beginnt. Die jeweiligen Vertragsparteien gehen dabei eine zeitliche Bindung ein, die auf einem Versprechensverhältnis basiert.

„The core activities in financial markets, I shall argue, are investments and speculation, and these involve claims and commitments exercised over time and oriented to future outcomes. In other words, they involve time transactions. The underlying mechanism of future projection and connection, that is the time machine at work here, consists of promises" (ebd.).

Dieser Sachverhalt lässt sich auch auf das Versicherungswesen übertragen. Anders als der Name suggeriert, ist ein Versicherungsprodukt ein immaterielles Versprechen, das einen „promise-taker" (Kund*in) mit einem „promise-giver" (Versicherungsunternehmen) über einen bestimmten Zeitraum aneinanderbindet (ebd.: 335 f.). Das vom Versicherungsunternehmen ausgehende Versprechen kann dabei die Erwirtschaftung einer zukünftigen Rendite als auch die Entrichtung einer Kompensationsleistung betreffen. Die Geschäftsbeziehung kommt dann Zustande, wenn die Kund*innen das Leistungsversprechen finanziell erwerben und damit das Versprechensverhältnis eingehen (vgl. ebd.: 331–335).

Da ein Leistungsversprechen immer auf die Zukunft abzielt und die genaue Einhaltung des Versprochenen nicht von vornherein feststehen kann, erlangt der Aspekt des Vertrauens eine zentrale Bedeutung. Vertrauen kann in dieser Hinsicht als ein Mittel zur Kontingenzbewältigung charakterisiert werden. Es ist eine Vorleistung, deren wesentliche Funktion darin besteht handlungsleitende Zukunftserwartungen bereitzustellen. „Wer Vertrauen erweist, nimmt Zukunft vorweg. Er handelt so, als ob er der Zukunft sicher wäre. Man könnte meinen, er überwinde die Zeit" (Luhmann 2014 [1968]: 9).

Aufgrund der Virtualität des Geschäftsmodells kommt in der Finanzökonomie der Evokation von Glaubwürdigkeit eine wichtige Bedeutung zu. Neben Marketingmaßnahmen und Imagekampagnen spielen hierbei auch Ästhetiken, Atmosphären und emotionale Vertrauenspraktiken eine wichtige Rolle. So erfüllen Architektur und Inneneinrichtung von Geschäfts- und Beratungsräumen nicht lediglich einen Selbstzweck. Sie zielen immer auch darauf ab, eine vertrauensstiftende Atmosphäre zu schaffen. Auf sinnlich-ästhetische Weise werden dabei positive Eindrücke bezüglich Solvenz und Integrität des aufgesuchten Finanzunternehmens gefördert. Diese materialisierten Formen der Selbstinszenierung sind dabei an den persönlichen Beratungsvorgang gekoppelt. Sie bilden die Kulissen für darin stattfindende Beratungsgespräche, die wiederum als „Praktiken des emotionalen Berührens und empathischen Herstellens von Vertrauen" (Heid 2019: 538) angesehen werden können (vgl. ebd.; Heid 2017; Wietschorke

2019). Vertrauensarbeit im Versicherungswesen ist ein wichtiges und vielseitiges Feld. Neben den hier thematisierten Erfahrungsdimensionen erfolgt die Vertrauensgenerierung auch auf einer medialen Ebene. Wie wir im späteren Analysekapitel sehen werden, kommen dabei vielfältige Formen visuell-narrativer Strategien zum Einsatz (siehe Kap. 4.6).

Mit Blick auf dieses Kapitel bleibt nunmehr festzuhalten: Versprechen und Vertrauen sind wesentliche soziale Faktoren im Versicherungsgeschäft. Beide Komponenten sind eng miteinander verknüpft. Sie weisen eine temporale Grundstruktur auf und richten sich auf die Zukunft. Dabei setzen sie die involvierten Versicherungsparteien über einen gewissen Zeitraum zueinander in Beziehung. Dieser Vorgang vollzieht sich in erster Linie auf einer monetären Ebene. Im folgenden Kapitel gilt es diesen Zusammenhang näher zu betrachten.

3.4 Geld als Zeiteinheit

Abschließend soll nun noch ein weiterer Zukunftsaspekt der Versicherungspraxis näher beleuchtet werden. Das Augenmerk richtet sich dabei auf die finanzielle Kernfunktion des gesamten Geschäftsmodells. Dabei kann zunächst einmal festgehalten werden, dass eine Versicherung keinerlei Schutz vor möglichen Unfällen oder künftigen Schäden bietet. Sie ist weder im Stande das Leben eines geliebten Menschen noch den Erhalt eines versicherten Objekts zu garantieren. Vielmehr zielt ihre Haupteigenschaft darauf ab, im Schadensfall einen finanziellen Ausgleich bereitzustellen. Es handelt sich somit um eine monetäre Transferleistung. Geld bildet hierbei die grundlegende Ausgangsbasis des gesamten Geschäftsmodells. Ein versichertes Objekt kann damit wieder in Stand gesetzt, der Verlust der Arbeitskraft finanziell kompensiert werden.
Geld kann an diesem Punkt als ein wichtiges Zukunftsmedium charakterisiert werden. Es stellt ein „Bindeglied zwischen Gegenwart und Zukunft“ (Keynes 2018 [1936]: 262) dar, indem es einen Wert speichert und ihn zu einem späteren Zeitpunkt wieder abrufbar macht. Seine zentrale Bedeutung basiert dabei nicht zuletzt auf seiner nivellierenden Wirkung. Mithilfe des Geldes kann jegliches Objekt oder jegliche Dienstleistung mit einem ganz bestimmten Preis versehen werden. Ihre individuelle Einzigartigkeit wird dabei in einen abstrakten und vergleichbaren Wert übersetzt. Dadurch können die unterschiedlichsten Elemente aufeinander bezogen und miteinander verglichen werden (vgl. Esposito 2014: 70–71; Meyer 2014: 12).
Für die Versicherungspraxis erweist sich die Unbestimmtheit des Geldes von großer Relevanz. Risiken lassen sich hiermit in monetäre Bezugsgrößen übersetzen, die im Schadensfall als Kompensationsleistung herangezogen werden können. Den Versicherungsunternehmen wird dadurch die Kalkulationsgrundlage für die Risikobeurteilung

ermöglicht. Der entscheidende Nutzen für die Versicherungsnehmer*innen besteht wiederum in der „Bewältigung der Kontingenz durch Liquidität" (Cevolini 2010: 84). Zwar ist und bleibt die Zukunft ungewiss, und negative Ereignisse können jederzeit auftreten. Der Abschluss einer Versicherungspolice liefert allerdings eine finanzielle Ersatzsicherheit, um im Fall der Fälle die individuelle Handlungsfähigkeit gewährleisten zu können. Entscheidend dabei ist, dass Geld die Eigenschaft besitzt den individuellen Möglichkeitshorizont zu erweitern. Es muss nicht zwangsläufig in einer Kompensation münden, denn es ist flexibel einsetzbar und lässt sich auch auf die Befriedigung anderweitiger Bedürfnisse anwenden. Geld lässt sich außerdem ansparen und zu irgendeinem späteren Moment einsetzen (vgl. Cevolini 2013: 162). Das Vorhandensein von reichhaltigen monetären Mitteln ist somit der beste Weg Unsicherheiten zu begegnen. Es stellt eine ideale Form der Vorsorge dar, gerade weil es unbestimmt und flexibel ist und sich in fast alles umwandeln lässt. Geld ist *Ver-mögen* – es speichert Möglichkeiten und transportiert sie durch die Zeit. Die italienische Soziologin Elena Esposito vertritt deshalb auch die Auffassung, wonach Geld mit Zukunft gleichgesetzt werden könne.

„Das Geld steht für das Potential an Alternativen und Bewegungsmöglichkeiten in einer noch dunklen Zukunft – also eigentlich für die Verfügbarkeit über die Zukunft, die eben aus unbestimmten Möglichkeiten besteht. Wer Geld hat, hat mehr Zukunft zur Verfügung, und hat auch die Zeit zu warten, bis sie ankommt" (Esposito 2014: 74).

In Anlehnung an ein bekanntes Sprichwort weist Esposito demgemäß darauf hin: „Zeit ist nicht nur Geld, wie alle sagen, sondern, viel radikaler: Geld ist Zeit" (Esposito 2015: 50). Mit Blick auf die Konstruktion von Zukunftsvorstellungen in der Versicherungskommunikation ist dieser Sachverhalt von großer Relevanz. Wie wir sehen werden ist der Zeitaspekt – in Bezug auf die Aufrechterhaltung beziehungsweise Steigerung der eigenen Solvenz – ein wichtiger Ausgangspunkt für die Erzeugung von unbeschwerten und positiven Zukunftsszenarien (siehe Kap. 4).

3.5 Zusammenfassung

Das Anliegen dieses Kapitels bestand darin, die wesentlichen Komponenten der Versicherungspraxis aus einer kultur- und sozialwissenschaftlichen Perspektive heraus zu betrachten. Dabei galt es vor allem die zeitlichen Bezugspunkte des Versicherungswesens herauszuarbeiten. Wie in den vorangegangenen Kapiteln veranschaulicht wurde, ist die Gesamtstruktur des Versicherungswesens primär auf die Zukunft hin ausgerichtet. Versicherungen setzen die Zukunft auf die Agenda. Sie entwerfen mögliche Zukunftsszenarien und veranlassen die Adressat*innen sich hierzu zu positionieren.

Der Ausgangspunkt bildet dabei das Rationalitätsschema des Risikos. Mithilfe dieses Wahrnehmungsmusters werden mögliche negative Ereignisse und Vorfälle zunächst identifiziert. Es handelt sich hierbei um fiktionale Erwartungen, die dann – eingebettet in Narrative und Visualisierungen – aktiv in den Fokus der Betrachter*innen gerückt werden. Versicherungen stellen dabei kein Patentrezept gegen künftige Schäden und Notlagen zur Verfügung. Die angebotene Leistung fällt abstrakter, aber auch vielseitiger aus, denn gegen die Ungewissheit der Zukunft bieten Versicherungen in erster Linie finanziellen Spielraum. Dieser Vorgang lässt sich als eine „Futurisierung" (Luhmann 1990: 130) der Zukunft charakterisieren, denn der individuelle Möglichkeitshorizont wird infolgedessen erweitert. Was die jeweiligen Vertragsparteien anbelangt, so gehen diese eine zeitliche Bindung auf Basis eines Vertrauens- und Versprechensverhältnisses ein.

Zusammengenommen bilden die einzelnen Faktoren die allgemeine Zukunftsausrichtung des Versicherungswesens, deren Kernelement der Vorgang der (Vor-)Sorge darstellt. (Vor-)Sorge ist in dieser Hinsicht ein schillernder Begriff, der mehrere Facetten vereint und aufeinander bezieht. Im Wortstamm der Sorge wird sowohl der Aspekt der Angst als auch der Aspekt der aktiven Handlung widergespiegelt. Das Präfix *Vor-* verweist wiederum auf einen der Sorge vorgelagerten Sachverhalt. Es schwächt die eigentliche Sorge ab und überführt sie in eine imaginative Sphäre. Nach meiner Lesart agiert (Vor-)Sorge demgemäß auf einer virtuelleren Ebene, in der die Risikowahrnehmung den entscheidenden Bezugspunkt bildet. Angesichts *potenziell* besorgniserregender Zukunftsentwicklungen stellt sie eine ökonomisch-rationalisierte Form der Zukunftspositionierung dar. Gleichwohl ist der Angstaspekt hier nicht gänzlich verschwunden, sondern tritt vielmehr in der Gestalt des virtuellen Risikos in Erscheinung. Er ist ein zentraler Bestandteil der fiktionalen Imaginationen im Versicherungswesen und wird deshalb – an der Seite weiterer Zukunftsvorstellungen – eine wichtige Rolle im folgenden Analysekapitel spielen.

4 Analyse

Wie ich in den vorangegangenen Kapiteln erläutert habe, bildet ein wesentlicher Kern der Versicherungskommunikation die Imagination und Vermittlung von Zukunftsvorstellungen, die mittels visueller und narrativer Strategien in den Fokus der jeweiligen Adressat*innen gerückt werden. Besonders auf den entsprechenden Websites der Versicherungsunternehmen lässt sich jener Vorgang in prägnanter Weise feststellen. Im nun folgenden Hauptakt der Studie gilt es diesen Sachverhalt zu spezifizieren. Die Ergebnisse der diskursanalytischen Auswertung werden hierin vorgestellt, theoretisch interpretiert und erläutert. Im Zentrum steht die Beantwortung der Fragestellung, die sich auf den visuell-narrativen Plot der Zukunftsbezugnahmen in der Versicherungskommunikation richtet. Wie bereits thematisiert, setzt sich die primäre Datengrundlage aus Webseiteninhalten von insgesamt 16 deutschen Versicherungsunternehmen[4] zusammen, die im Laufe des Forschungsprozesses erhoben und ausgewertet wurden. Es handelt sich hierbei um ein spezifisches Sampling, bei dem jeweils die Produktbereiche der Risikolebensversicherung, der Berufsunfähigkeitsversicherung sowie der Altersvorsorge systematisch ermittelt und analysiert wurden.

An dieser Stelle ist wichtig zu betonen, dass sich die nachfolgenden Kapitel nicht der narrativen Struktur der entsprechenden Produktseiten an sich widmen. Vielmehr geht es um die Struktur und die Bedeutungszuschreibungen der darin enthaltenen Zukunftsbezüge. In meiner Konzeption rücken demgemäß Visualisierungsstrategien in den Vordergrund der Betrachtung. Sie nehmen eine zentrale Rolle auf den Produktseiten ein und bestimmen in großem Ausmaß die diskursive Konstruktion der darin vermittelten Zukunftsvorstellungen. Dabei handelt es sich nicht nur um Bildmotive, sondern auch um weitere Visualisierungsformen wie beispielsweise Statistiken, Infographiken und audio-visuelle Medieninhalte. Immer eingebettet in einen ebenfalls ausgewerteten textuellen Argumentationskontext, stellen sie, in Anlehnung an Jens Beckert, „Instrumente der Imagination" (Beckert 2018: 25) dar. Mit ihrer Hilfe lässt sich Zukünftiges visuell darstellen und somit imaginieren. Sie verleihen der antizipierten Zukunft Kontur und Form und können in diskursiver Hinsicht deshalb auch als „visuelle Argumente" (Mersch 2006: 96) der Versicherungskommunikation aufgefasst werden.

Da die visuell-narrative Struktur der Zukunftsimaginationen auf ganz bestimmten Facetten und Deutungsmustern basiert, stellen die nachfolgenden Kapitel Detailanalysen einzelner Diskurskomponenten dar. Zusammengenommen lässt sich insofern

4 Insgesamt dienen die entsprechenden Produktseiten der folgenden Versicherungsunternehmen als Quellenbasis: AachenMünchener, Allianz, Alte Leipziger, AXA, Barmenia, CosmosDirekt, Debeka, ERGO, Generali, Hannoversche Versicherung, HUK-Coburg, Nürnberger Versicherung, SV SparkassenVersicherung, Versicherungskammer Bayern, Württembergische Versicherung, Zürich Versicherung.

sowohl der Plot der Zukunftsimaginationen als auch das reichhaltige Visualisierungsrepertoire auf den Versicherungsseiten ermitteln. Das „ökonomische Imaginäre" (Stäheli 2006: 29) der Versicherungskommunikation gelangt dadurch zum Vorschein. Als Einstieg in den analytischen Teil der Arbeit fungiert zunächst einmal ein einführendes Kapitel, bei dem es darum geht, einen generellen Überblick über die allgemeinen Visualisierungsstrategien auf den Versicherungsseiten zu liefern. Im Anschluss daran rückt das Imaginationsmittel der animierten Erklärvideos in den Fokus der Betrachtung, anhand deren die zentralen Aspekte der allgemeinen Diskursstruktur herausgearbeitet werden. Hierauf aufbauend richtet sich das Kapitel 4.3 primär auf statistikbasierte Wahrscheinlichkeitsverweise, denen in der Versicherungskommunikation eine große Relevanz zukommt und die als wissenspolitische Diskursbestrebungen charakterisiert werden können. Die vielfältigen Bezugnahmen auf die Metaphorik der Lücke bildet dann den Kern des darauffolgenden Kapitels 4.4. Da in der Versicherungskommunikation auch spezifische Subjektpositionen vermittelt werden, sollen diese im Kapitel 4.5 tiefergehend erörtert werden. Sie lassen sich als Vorsorgefigurierungen interpretieren, die in dem Vermittlungsprozess als Identifizierungsangebote in Erscheinung treten und vielfältige Zukunftsvorstellungen transportieren. Im abschließenden Kapitel 4.6 gilt es dann die Strategien der Erzeugung und Evokation von Glaubwürdigkeit zu thematisieren.

4.1 Wie wird Zukunft imaginiert?

Zum Einstieg in den Analyseteil soll es in diesem Kapitel zunächst um die Visualisierungsstrategien in den Versicherungsmedien gehen. Wie werden Zukunftsvorstellungen in den ausgewerteten Versicherungsseiten visuell konstruiert? Das Hauptinteresse liegt dabei auf den spezifischen Bildmotiven, die in vielfältiger Weise auf nahezu jeder Produktseite anzutreffen sind. Dieses Kapitel dient primär zum Überblick. Es gilt das Thema einleitend anzuschneiden, die Facettenvielfalt vorzustellen und auf inhärente Interdependenzen und prägende Deutungsmuster einzugehen.
Wie bereits im vorangegangenen Kapitel thematisiert wurde, sind auf den Versicherungsseiten unterschiedliche Zukunftsvisualisierungen anzutreffen. Neben Grafiken, Tabellen und Statistiken, finden vor allem personenbezogene Bildmotive eine häufige Verwendung. Sie werden in vielfältigen Kontexten aufgeführt und bilden aufgrund ihrer hervorgehobenen Platzierung vielerorts den zentralen Einstiegsbezugspunkt für die Rezipient*innen. Aus diesem Grunde erfüllen sie zuvorderst eine Blickfangfunktion. Indem die personenbezogenen Bildmotive die ersten Wahrnehmungsmomente liefern, definieren sie in visueller Hinsicht den narrativen Rahmen des Folgenden,

laden zur Identifikation ein und verleihen der Imagination zukünftiger Zustände eine Gestalt.[5]

Gemäß dem ethnologischen Forschungsgrundsatz „What the hell is going on here" (Geertz, zit. n. Amann/Hirschauer 1997: 20) offenbart sich bei der Betrachtung dieser personenbezogenen Bilder eine durchaus bemerkenswerte erste Feststellung. Primär handeln die Bildinhalte in einem gegenwärtigen Zeithorizont. In den Bildern wird der Status quo, das Hier und Jetzt, abgebildet und mithilfe der sich darauf beziehenden Textebenen auf die Zukunft projiziert. Sie basieren deshalb vor allem auf einer Logik der gegenwärtigen Zukunft. Zukünftiges erscheint in diesem Sinne nicht als etwas komplett anderes, sondern als eine Projektion gegenwärtiger Zustände. In keinem einzigen der vielfältigen Bildmotive wird der Versuch unternommen, die Kontingenz des Kommenden – also das noch Unbekannte – in evidenter Weise visuell darzustellen. Demgemäß erhalten futuristische Zukunftsimaginationen keinerlei Bedeutung in der Versicherungskommunikation. Egal ob Kleidung, Architektur oder Freizeitaktivitäten – die Bildkomponenten verweisen immer auf sozio-materielle Manifestierungen der Gegenwart.

Es handelt sich hierbei um einen erwähnenswerten aber nicht unbedingt überraschenden Sachverhalt. Da sich die kontingente Struktur der Zukunft generell nur schwer antizipieren lässt, bleibt sie imaginativ an das Hier und Jetzt angehaftet – alles andere würde im wirtschaftlichen Kontext wahrscheinlich als unseriös erscheinen. Nichtsdestotrotz lassen sich auch in den hier ausgewerteten personenbezogenen Bildkontexten vielfältige Zukunftsbezüge ausmachen. Diese werden allerdings in einer subtileren Weise transportiert und in Szene gesetzt. Aus diesem Grunde müssen wir die reine Analyse der Bilddarstellungen verlassen und eine Stufe tiefer schreiten – in die semiotische Sphäre der Zeichen und Bildbedeutungen. In dieser Perspektive lassen sich diverse metaphorische Zukunftsandeutungen ausmachen. Richtet sich das Augenmerk zunächst auf die abgebildeten Personen selbst, so gehen insbesondere von bestimmten Personenfigurierungen prägnante Zukunftsassoziationen aus.

Mit Bezug auf Silvy Chakkalakal können vor allem die Kindesdarstellungen in den ausgewerteten Bildmotiven als eine dementsprechende Visualisierungsstrategie gedeutet werden, denn „Zukunft wird in der Figur des Kindes personifiziert und ins Bild gesetzt" (Chakkalakal 2018: 7). Als eine metaphorische Personifikation des Kommenden nehmen Kindesdarstellungen somit einen Chiffrecharakter ein. Sie stehen „für einen in die Zukunft gerichteten Blick" und „[e]vozieren, ein empathisches An- und Aufrufen" zukünftiger Entwicklungen (ebd.). Auf den Versicherungsseiten sind Bildmotive mit

5 Bei den Abbildungen des Analysekapitels handelt es sich jeweils um Bildschirmkopien, die im Laufe des Forschungsprozesses angefertigt wurden. Neben der Wiedergabe von ausgewerteten Bildmotiven werden im weiteren Verlauf der Studie auch Bildschirmkopien zu Filmsequenzen aufgeführt.

Kindern mannigfach verbreitet. Interessant ist dabei, dass es sich fast ausschließlich um sehr junge Kinder beziehungsweise Neugeborene handelt. Dadurch wird ein noch stärkerer Zukunftsbezug hergestellt, denn gerade bei Kleinkindern ist der Wachstums- und somit Veränderungsprozess stärker ausgeprägt als beispielsweise bei Jugendlichen. Metaphorisch transportieren somit gerade Abbildungen von jungen Kindern Assoziationen des Übergangs und der fortschreitenden Zeit.
Am Ende dieses Entwicklungsprozesses steht – quasi als Kontrastbild – das fortgeschrittene Lebensstadium. Anders als die Kindesdarstellungen, die auf ein noch-Kommendes in der Zukunft verweisen, symbolisiert die Figur des/der Rentner*in einen bestimmten Lebensverlauf. Es handelt sich somit um eine direktere und augenscheinlichere Art der Zukunftsimagination. Generell nehmen die Darstellungen älterer Personen einen wichtigen Stellenwert auf den Versicherungsseiten ein. Da sich ein eigenes Kapitel mit ihrer Repräsentation beschäftigen wird (vgl. Kap. 4.5.2), sollen sie hier nur kursorisch angeschnitten werden. An dieser Stelle ist insbesondere ihre Einbettung in einen gesamtfamiliären Rahmen bemerkenswert, denn gerade dadurch lässt sich der Lauf der Zeit wiederum personifiziert darstellen. Als Beispiel soll hier auf das Einstiegsmotiv der Generali Risikolebensversicherungsseite eingegangen werden (vgl. Abbildung 2).
In dem Motiv ist eine Familie während eines Waldspaziergangs abgebildet. Es handelt sich hierbei um eine Familienfigurierung, bei der zwei Eltern, zwei Kinder und die beiden Großeltern eine klassisch-stereotyphafte Familienkonstellation symbolisieren. Gleichzeitig verkörpern sie allerdings auch die drei zentralen Phasen des Lebens – Kindheit, Erwachsenen- und Rentenalter. Interessant ist dabei, dass jeder Lebensphase jeweils eine männliche wie weibliche Person zugeordnet ist. Dadurch kann das Bild auch als eine Allegorie des individuellen Lebensverlaufs gedeutet werden. Es repräsentiert die persönliche Entwicklung vom Kind über das Erwachsenendasein bis hin zum Alter. In diesem Beispiel wird Zukunft dementsprechend in einer Gesamtschau imaginiert und der Lauf der Zeit metaphorisch ausgemalt.
Darüber hinaus lässt sich in dem Bild ein weiteres charakteristisches Grundmuster des Zukunftsbezugs in Versicherungsbildern ausmachen. Es handelt sich hierbei um den Aspekt des Farbkontrasts, der wiederum auf die Zukunft verweist. Wie wir sehen erscheint das Bild in einer sehr aufgehellten Manier. Der Horizont hinter dem Wald ist nicht blau oder grau, sondern grell und weiß. Auch in den Haaren der Protagonist*innen spiegelt sich diese Helligkeit wider.
In Anlehnung an Beatrix Fehse können spezifische Farbgebungen und Farbmuster ganz bestimmte Zeitvorstellungen transportieren. Während die Vergangenheit und die Gegenwart dabei eher durch dunkle beziehungsweise gesättigte Farben repräsentiert würden, verwiesen helle Farben, insbesondere die Farbe Weiß, auf Zukünftiges (vgl. Fehse 2017: 486). Zwar handelt es sich hierbei nur um eine Hypothese Fehses, im

Abbildung 2: Drei Generationen während eines Waldspaziergangs (Einstiegsmotiv auf der Produktseite zur Risikolebensversicherung der Generali)

Kontext der Versicherungskommunikation lässt sie sich allerdings mehr als bestätigen. Bei nahezu allen Versicherungsbildern dominiert ein sehr aufgehellter Farbkontrast. Insbesondere der Horizont – der auch allgemein eine metaphorische Zukunftsbedeutung aufweist – zeichnet sich in vielen Bildmotiven durch eine ausgeprägte Helligkeit aus. Die aufgehellte Farbgebung stellt ein geeignetes Visualisierungsmittel für Zukunftsimaginationen dar. Niemand kann die Zukunft voraussehen, sie ist ungewiss und kann lediglich fiktional antizipiert werden. Mithilfe der Strahlkraft heller Farben lässt sich nun dieser imaginative Charakter von Zukunftsvorstellungen visuell in Szene setzen.

Auch in anderer Hinsicht erfüllt die leuchtende Inszenierung eine Vermittlungsfunktion, denn sie verweist zudem auf eine sonnige und glanzvolle Zukunft (vgl. ebd.: 491). Dies korrespondiert generell mit weiteren Bildkomponenten, welche vielerorts primär der Evokation zukünftigen Glücks dienen. Wie bereits geschildert, handelt es sich bei den Einstiegsbildern der Versicherungsseiten um positiv besetzte Identifizierungsmotive, die zum Versicherungserwerb einladen sollen. Aus diesem Grunde repräsentieren sie in erster Linie Glücksszenarien, in denen die Protagonist*innen in ausgelassener Stimmung abgebildet werden. Es handelt sich in der Regel um Visualisierungen von lachenden Familien oder Paaren, die heiteren Gemüts den Spaß am Leben verkörpern. Aber auch Abbildungen von Einzelpersonen folgen dieser Logik. Bei ihnen steht vor allem der Aspekt der Zufriedenheit – beispielsweise bei der Ausübung liebgewonnener Freizeitaktivitäten[6] – im Vordergrund. Individuelles und kollektives Zukunftsglück drückt sich in diesem Kontext insbesondere durch die Betonung der zukünftigen Freizeitfülle aus.

6 Vgl. exemplarisch AXA: Einstiegsmotiv auf der Produktseite zur „Relax Rente“. URL: https://www.axa.de/relax-rente (Stand: 20.1.2020).

Allgemein kann ein eher beschränkter, aber deshalb umso tiefenwirksamer Korpus an Motivszenerien in den ausgewerteten Versicherungsseiten identifiziert werden. So handelt es sich beispielsweise bei den spezifischen „Glückskulissen" (Muri 2015: 2) vor allem um Visualisierungen des trauten Heims, bei dem sich das Wohlbefinden der Protagonist*innen entweder am Frühstückstisch[7], auf der Couch[8] oder im Garten[9] ausdrückt. Die Darstellungen folgen dabei einem stereotyen „typische[n] Bild der Gemütlichkeit" (Schmidt-Lauber 2003: 193), bei dem ganz bestimmte Bildmerkmale eine häufige Verwendung finden. Was Brigitta Schmidt-Lauber mit Blick auf dominante Gemütlichkeitsvorstellungen als eine „Monochromie der verblüffend ähnlichen Sinnstiftungen und Bedeutungskonstruktionen" (ebd.: 221) charakterisiert, lässt sich in allgemeiner Hinsicht dem gesamten Spektrum der ausgewerteten Versicherungsbilder bescheinigen. Es ist bemerkenswert, dass auf nahezu allen Versicherungsseiten auf ähnliche und immer wiederkehrende Bildmotive zurückgegriffen wird (vgl. Kap. 4.5).

Generell zeigt sich somit auf den einzelnen Versicherungsseiten ein überaus monochromes und festgelegtes Inszenierungsmuster der Imagination zukünftiger Zustände. Dabei muss es sich allerdings nicht nur um pure Glücksverheißungen handeln. Wie wir im dritten Kapitel sahen, ist der Aspekt der Unsicherheit ein weiteres konstitutives Element der Versicherungsvermittlung. Dementsprechend lassen sich auch wiederkehrende visuelle Metaphern nachweisen, die in subtiler Art und Weise Zukünftiges in einer risikoevozierenden Gestalt veranschaulichen. Es handelt sich insbesondere um Außendarstellungen, in denen die Personen beispielsweise auf der Spitze eines Berges[10], vor einer Meereskulisse[11] oder auf einem Boot[12] abgebildet werden. Der Unsicherheitsaspekt rückt hierbei stärker in den Fokus. Am Beispiel der Küsten- und

7 Vgl. exemplarisch Allianz: Motiv auf der Produktseite zur privaten Rentenversicherung. URL: https://www.allianz.de/vorsorge/private-rentenversicherung/ (Stand: 20. 1. 2020).

8 Vgl. exemplarisch R+V Versicherung: Einstiegsmotiv auf der Produktseite zur Berufsunfähigkeitsversicherung. URL: https://www.ruv.de/privatkunden/einkommen-familie/berufsunfaehigkeitsversicherung (Stand: 20. 1. 2020).

9 Vgl. exemplarisch HUK-Coburg: Einstiegsmotiv auf der Produktseite zur „Premium-Rente". URL: https://www.huk.de/gesundheit-vorsorge-vermoegen/altersvorsorge/privatrente.html (Stand: 20. 1. 2020).

10 Vgl. R+V Versicherung: Einstiegsmotiv auf der Produktseite zur „PrivatRente Performance". URL: https://www.ruv.de/privatkunden/altersvorsorge/privatrente-performance (Stand: 20. 1. 2020).

11 Vgl. Württembergische Versicherung: Einstiegsmotiv auf der Produktseite zur Risikolebensversicherung. URL: https://www.wuerttembergische.de/de/produkte_privatkunden/altersvorsorge_und_familie/risikolebensversicherung/risikolebensversicherung.html (Stand: 20. 1. 2020).

12 Vgl. Nürnberger Versicherung: Einstiegsmotiv auf der Produktseite zur fondsgebundenen Rentenversicherung. URL: https://www.nuernberger.de/rentenversicherung/fondsgebundene-rentenversicherung/ (Stand: 20. 1. 2020).

Abbildung 3: Segelschiff hart im Wind (Einstiegsmotiv auf der Produktseite zur „Genius Basis-Rente" der Württembergischen Versicherung)

Seefahrtsmotive lässt sich dies exemplarisch erörtern. Die Metaphorik des Meeres steht in diesem Kontext

> „nicht nur für Unendlichkeit und Grenzenlosigkeit, sondern auch für Unberechenbarkeit, Gesetzlosigkeit und Orientierungswidrigkeit; es ist der Inbegriff für die Sphäre der für den Menschen unverfügbaren Willkür der Gewalten, denen er entweder schicksalhaft ausgesetzt ist – oder denen er sich freiwillig, wenn nicht gar mutwillig, aussetzt" (Makropoulos 2007: 239).

Das Meer stellt somit eine „Chiffre für Unsicherheit" (Bonß 1995: 161) dar und symbolisiert die Kontingenz einer ungewissen und uneinsichtigen Zukunft. Es ist das Gegenteil des Festlandes, dem natürlichen topologischen Habitat des Menschen. Die Weite des Meeres lässt sich von der Küste aus nicht erblicken. Wer sich dennoch auf die See wagt und sich der ungewissen Zukunft aussetzt, lebt riskant, denn es handelt sich immer um eine „Grenzüberschreitung" (Makropoulos 2007: 241). Gleichzeitig verspricht die Fahrt auf dem weiten Meer aber auch das Erreichen von bisher unentdeckten zukünftigen Möglichkeiten (vgl. Stäheli 2006: 42–44).
Aufgrund dieser Bedeutungsaufladung findet die Meeresmetaphorik in den ausgewerteten Versicherungsmedien eine ausgedehnte Rezeption. Insbesondere auf der Website der Württembergischen Versicherung wird auf sie häufig zurückgegriffen (vgl. exemplarisch Abbildung 3). Dabei korrespondiert ihre breite Verwendung mit dem allgemeinen Slogan des Versicherers, welcher „Württembergische – Ihr Fels in der Brandung" lautet. Aber auch auf anderen Versicherungsseiten stellt die Meeresmetapher ein beliebtes Motiv der Zukunftsimagination dar (vgl. exemplarisch Abbildung 4).

Abbildung 4: Joggerin vor Küstenszenerie (Einstiegsmotiv auf der Produktseite zur Berufsunfähigkeitsversicherung der Debeka)

Da dieses Kapitel primär einem einleitenden Überblick in die Thematik verpflichtet ist, sollen nun abschließend weitere Formen der Zukunftsvisualisierung in den ausgewerteten Versicherungsmedien vorgestellt werden. Sie unterscheiden sich dabei in starker Hinsicht von den bisher thematisierten Visualisierungsstrategien, da es sich nicht um personenbezogene Bilder oder Allegorien handelt. Nichtsdestotrotz kommt ihnen auf den ausgewerteten Produktseiten eine große Relevanz zu, da sie den visuell-narrativen Rahmen der vielfältigen Zukunftsimaginationen entscheidend mitprägen.
Neben animierten Erklärvideos, deren Betrachtung das nachfolgende Kapitel bestimmen wird, sind es vor allem Infografiken und Diagramme in denen Zukunftsentwicklungen visuell antizipiert werden. Sie folgen einer anderen Logik als die personenbezogenen Bildmotive, denn aufgrund ihrer Gestalt basieren sie vor allem auf einer rational-wissenschaftlichen Semantik. Die uneinsichtige Zukunft bekommt durch diese Instrumente der Imagination visuelle Konturen und lässt sich dadurch vermeintlich einsehen (vgl. Abbildung 5).
Oftmals stellen die Diagramme Zahlenbilder dar, die aufgrund einer Zahlengrundlage die Zukunft prognostisch in Szene setzen. Solche Diagramme und Graphiken können als „numerische Weisen der Welterzeugung" (Heintz 2012: 7) aufgefasst werden. „Sie versuchen sichtbar zu machen, was sich der direkten Erfahrung entzieht, und verleihen dem Sichtbargemachten gleichzeitig Faktizität" (ebd.). Gerade im Bereich der statistischen Aufbereitung potenziell zukünftiger Entwicklungen zeigt sich ihre Relevanz. Es lassen sich dabei mehrere typische Infografikformate ausmachen, die auf nahezu allen Produktseiten abgebildet werden. Eine große Signifikanz kommt in dieser Perspektive den statistischen Infografiken zur Berufsunfähigkeit zu. In Bezug auf Uwe Pörksen können diese Zahlenbilder als „Visiotype" charakterisiert werden. Hierbei handelt es sich um eine „Form der Darstellung, die Vorliebe für den Typus standardisierter Veranschaulichung" (Pörksen 1997: 186). Neben global verbreiteten Visiotypformen

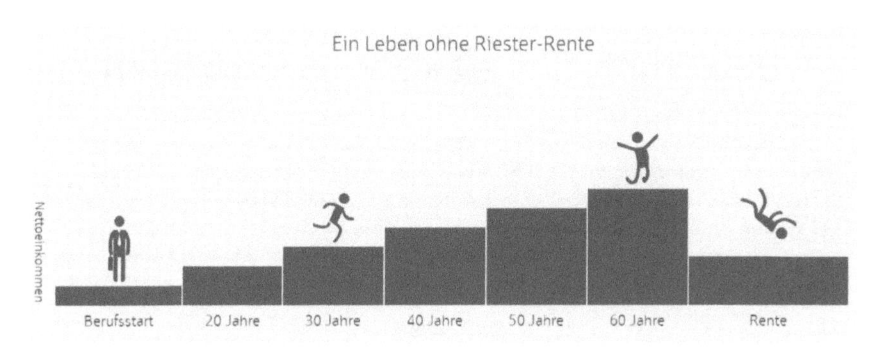

Abbildung 5: Infografik auf der Produktseite zur Riester-Rente der SV SparkassenVersicherung

bescheinigt Pörksen insbesondere der kanonhaften Verbreitung bestimmter Zahlenbilder einen visiotyphaften Charakter. Bei diesen spielt dabei insbesondere ihre appellative Funktion eine wichtige Rolle.

„Von dem Zahlenbild geht ein starker Objektdruck aus: das beruht zunächst auf seiner Zahlengrundlage – was gibt es Objektiveres als die Zahl! – ‚dann auch auf seiner Gegenständlichkeit. Die sinnliche Objektivierung erweckt unsinnigerweise den Schein größerer Objektivität. (...) Auf dem Wege sachlicher Darstellung spricht das Zahlenbild einen Appell aus. Auf Grund der Objektivität des Bildes erscheint dieser Appell als zwingend: von ihm geht Sachzwang aus, je größer das Zahlenbild optisch in Erscheinung tritt, um so begreiflicher und bedrohlicher. Es ist konnotatstark" (Pörksen 1997: 209).

Die Gestalt der hier abgebildeten Infografik (vgl. Abbildung 6) lässt sich in ähnlicher Form auch bei vielen anderen Versicherungsunternehmen finden.[13] Was den Zukunftsaspekt anbelangt, so tritt dieser bei ihnen vor allem im Kontext ihrer textuellen Einordnung zu Tage. Das umfassende Gefährdungspotenzial der menschlichen Unversehrtheit wird dabei veranschaulicht und die Notwendigkeit der Vorsorgeabsicherung betont. Wie wir in einem späteren Kapitel sehen werden, agieren solche visiotyphaften Darstellungen simplifizierend: Sie sind Reduktionsleistungen, die Wirklichkeit in modellierter und intentionaler Weise vermitteln. In besonderem Maße zeigt sich dies im Kontext der Berufsunfähigkeit, denn die Aspekte ihrer subjektiven Dauer und

13 Vgl. exemplarisch AXA: Ursachen einer Berufsunfähigkeit. Infografik auf der Produktseite zur Berufsunfähigkeitsversicherung. URL: https://www.axa.de/berufsunfaehigkeitsversicherung (Stand: 20. 1. 2020); R+V Versicherung: Berufsunfähigkeit kann jeden treffen. Infografik auf der Produktseite zur Berufsunfähigkeitsversicherung. URL: https://www.ruv.de/privatkunden/einkommen-familie/berufsunfaehigkeitsversicherung (Stand: 20. 1. 2020).

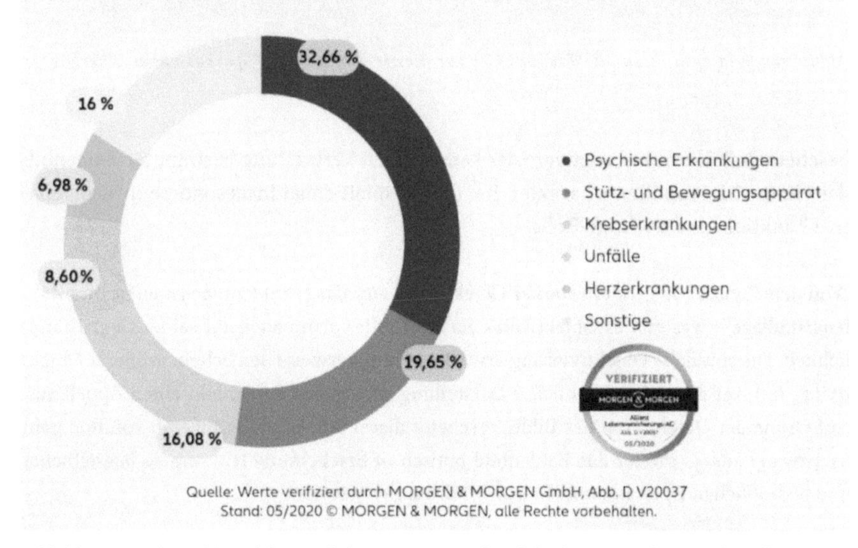

Abbildung 6: Infografik auf der Produktseite zur Berufsunfähigkeitsversicherung der Allianz

Intensivität werden in solchen simplifizierenden Darstellungen allgemein ausgeblendet (siehe Kapitel 4.3).

Auch bei der letzten hier thematisierten Imaginationsform kommt der Reduktionsaspekt zum Vorschein. Es handelt sich um interaktive Rechner, die in vielfältiger Weise zur Veranschaulichung bestimmter Produktzusammenhänge dienen. Einer dieser Rechner ist auf der Produktseite zur Berufsunfähigkeitsversicherung der AachenMünchener zu finden (vgl. Abbildung 7). Die Nutzer*innen können hierbei den Zukunftswert ihrer Arbeit berechnen, indem ihr gegenwärtiges Einkommen in additiver Weise in die Zukunft projiziert wird. Als Resultat erhalten sie dann den „Wert Ihrer Arbeitskraft" anschaulich imaginiert. Generell wirkt diese Form der Zukunftsdarstellung sehr abstrahierend, denn sie begrenzt die Zukunftsimagination auf eine Kennziffer, die als Basis der projizierten Zukunftsentwicklung fungiert. Dabei wird jegliche zukünftige

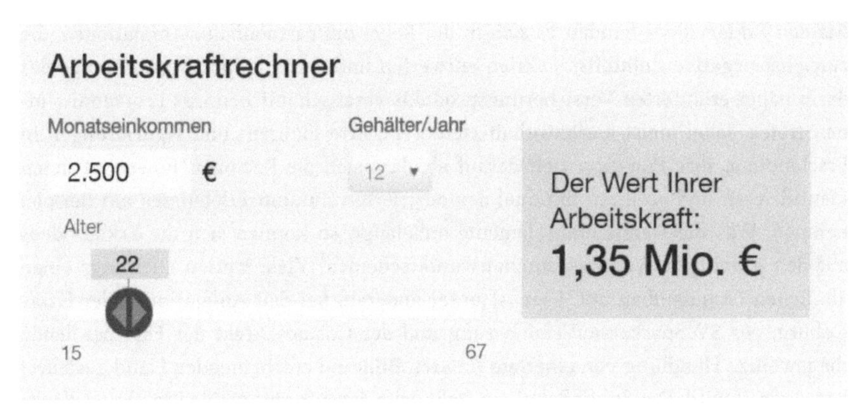

Abbildung 7: Arbeitskraftrechner (Interaktive Grafik auf der Produktseite zur Berufsunfähigkeitsversicherung der AachenMünchener)

Status- und Einkommensänderung ausgeblendet. Die Rechner lassen sich somit als eine „Technik der Defuturisierung" (Luhmann 1990: 130) charakterisieren, welche die Offenheit und Kontingenz der Zukunft reduzieren und einen vermeintlichen Blick auf das Kommende ermöglichen.

Nach diesem exemplarisch-ausschnitthaften Herantasten an die allgemeine Thematik dieser Studie, wird sich der Fokus nunmehr auf die Argumentationsstruktur der Versicherungsseiten richten. Die diskursive Konstruktion der Zukunftsvorstellungen steht hierbei im Zentrum der Betrachtung. Aus diesem Grunde gilt es deshalb zunächst, die imaginative Grundlogik der Versicherungskommunikation am Beispiel der Erklärvideos zu erläutern.

4.2 Die bipolare Struktur der Ver(un)sicherung

Um sich nun der visuell-narrativen Struktur der Zukunftsimaginationen auf den Versicherungsseiten zuzuwenden, bietet es sich zunächst an auf das Imaginationsmittel der Erklärvideos einzugehen. Es handelt sich hierbei um eine weit verbreitete Darstellungsform, die zur Veranschaulichung der jeweiligen Produktkontexte dient. In dem ausgewerteten Material greifen insgesamt 13 der 16 analysierten Versicherungsunternehmen auf diese spezifische Form der Zukunftsimagination zurück. Mit Blick auf die Fragestellung kann bei der Betrachtung dieser animierten Erzählungen der Grundcharakter der versicherungsspezifischen Storyline erläutert werden. Die Erklärvideos stellen gewissermaßen komprimierte Konzentrate der Versicherungsbotschaft dar, denn der Plot der jeweiligen Produktseiten wird darin verdichtet und anschaulich zusammengefasst.

Bei den Erklärvideos handelt es sich in der Regel um cartoonhafte Animationen, die zunächst negative Zukunftsszenarien entwerfen und dann die positiven Vorzüge des darin näher erläuterten Versicherungsprodukts veranschaulichen. Als Protagonist*innen treten dabei meist karikaturhaft-stereotypisierte Figuren- und Figurierungen in Erscheinung. Ihre Funktion zielt darauf ab, dass sich die Rezipient*innen mit ihnen identifizieren und an ihren fiktional demonstrierten Zukunftserlebnissen ein Beispiel nehmen. Was die Darstellungselemente anbelangt, so können sich die Erklärvideos auf den jeweiligen Websites durchaus unterscheiden. Viele weisen allerdings einen ähnlichen Grundaufbau auf. Dies ist unter anderem bei den Animationen der HUK-Coburg, der SV SparkassenVersicherung und der CosmosDirekt der Fall, bei denen die jeweilige Handlung von einer am unteren Bildrand erscheinenden Hand gesteuert bzw. gemalt wird. Die Zukunftskulisse stellt dabei jeweils eine weiße Projektionsfläche dar, auf der sich die Erzählungen skizzenhaft abspielen.[14] Der Akt der Zukunftsimagination wird in vielen Fällen nicht direkt von den Figuren erlebt, sondern lediglich gedanklich antizipiert und demgemäß mittels einer Gedankenblase dargestellt. Allerdings werden manche Figuren auch unmittelbar in Mitleidenschaft gezogen. So sterben beispielsweise mehrere Familienväter durch das eher unwahrscheinliche Zukunftsszenario eines Blitzeinschlags.[15] Wie sich hier andeutet, sind viele der Erklärvideos auch auf einer humoristischen Ebene angesiedelt. Ihre Hauptbotschaft – und darauf legen die jeweiligen Narratoren in den Animationen wert – ist allerdings ernst; manchmal todernst. Um die Handlungsstruktur der Erklärvideos zu verdeutlichen, sollen nun Beispiele der Hannoverschen Versicherung aufgegriffen werden.

Auf der Produktseite der Hannoverschen Versicherung zur Riester-Rente ist eine Animation mit dem Titel „Wie funktioniert die Riester-Rente“[16] integriert. Zu Beginn des

14 Vgl. HUK-Coburg: Was ist eine Risikolebensversicherung? Erklärvideo auf der Produktseite zur Risikolebensversicherung. URL: https://www.huk.de/gesundheit-vorsorge-vermoegen/existenzsicherung/risikolebensversicherung.html (Stand: 20.01.2020); SV SparkassenVersicherung: IndexGarant der SV. Erklärvideo auf der Produktseite zu „IndexGarant“. URL: https://www.sparkassenversicherung.de/content/privatkunden/produkte/vorsorge/indexgarant/ (Stand: 20.1.2020); CosmosDirekt: Die Risikolebensversicherung in 2 Minuten erklärt. Erklärvideo auf der Produktseite zur Risikolebensversicherung. URL: https://www.cosmosdirekt.de/risikolebensversicherung/#produktuebersicht (Stand: 20.1.2020).

15 Vgl. Hannoversche Versicherung: Die Risikolebensversicherung einfach erklärt. Erklärvideo auf der Produktseite zur Risikolebensversicherung, 00:00:10. URL: https://www.hannoversche.de/risikolebensversicherung (Stand: 20.1.2020); SV SparkassenVersicherung: Die SV Risikoversicherung. Erklärvideo auf der Produktseite zur Risikolebensversicherung, 00:00:24. URL: https://www.sparkassenversicherung.de/content/privatkunden/produkte/hinterbliebenen-schutz/risikolebensversicherung/#/Hinterbliebene (Stand: 20.1.2020).

16 Hannoversche Versicherung: Wie funktioniert die Riester-Rente? Erklärvideo auf der Produktseite zur Riester-Rente. URL: https://www.hannoversche.de/altersvorsorge/riester-rente (Stand: 20.1.2020).

Abbildung 8: Ausgangssituation (Erklärvideo zur Riester-Rente der Hannoverschen Versicherung)

Erklärvideos wird der Protagonist mit seiner Familie von einem männlichen Narrator einführend vorgestellt: „Er ist festangestellter Bürokaufmann, verheiratet, zwei Kinder ...“[17] Die Familie erscheint dabei zunächst auf der Bildoberfläche, wobei der Vater den Mittelpunkt der Familienaufstellung bildet und mit jeweils einem Arm seine glücklich anmutenden Familienmitglieder fürsorglich umfasst. Während der Narrator die Erzählung mit den Worten „und in seiner Freizeit genießt er gern mal das Leben“[18] fortsetzt, verwandelt sich der Schauplatz in eine Schifffahrtsszenerie mit einem regelrechten Urlaubscharme. Die Kulisse erweckt die Assoziation einer glücklichen Bootsfahrt in der Karibik. Am rechten Bildrand sowie im Hintergrund sind Palmen ersichtlich, der Seegang ist ruhig und das Meer sowie der Horizont sind in ein schön schimmerndes Blau getüncht. Als Steuermann navigiert der Vater das kleine Segelboot souverän durch das Gewässer. Am vorderen Bootsrand posiert die Mutter in Manier der bekannten Titanic-Filmszene, während die beiden Kinder in der Bootsmitte glücklich umschlossen die Aussicht genießen. Eine gekühlte Sektflasche sowie die elitär anmutende Bekleidung erwecken den Eindruck eines finanziell wohlhabenden Familienstatus zum Zeitpunkt der Handlung (vgl. Abbildung 8). Im weiteren Verlauf der Handlung ändert sich dies. Es kommt zur fiktionalen Imagination der Zukunft, die der Narrator mit den Worten „naja ... das wird er in der Rente nicht mehr machen können, wenn

17 Ebd., 00:00:04–00:00:08.

18 Ebd., 00:00:09–00:00:11.

Abbildung 9: Negative Zukunftsimagination (Erklärvideo zur Riester-Rente der Hannoverschen Versicherung)

er nicht privat vorsorgt"[19] einleitet. Die Glückskulisse der Karibikbootsfahrt wandelt sich dabei in eine dystopische Unheilsszenerie bei der die Assoziation der Trostlosigkeit die Atmosphäre bestimmt. In temporaler Hinsicht wurde die Handlung nunmehr in die Zukunft verlagert, wobei die Grundsituation der Bootsfahrt gleichgeblieben ist. Gleichwohl haben sich viele Sachverhalte ins Negative gewandelt: Das attraktive Segelschiff ist einem unscheinbaren kleinen Schlauchboot gewichen, wobei die Kinder das Boot sprichwörtlich verlassen haben und nun nicht mehr abgebildet werden. Im Vordergrund des rechten Bildrands ist zudem das Skelett eines verstorbenen Menschen ersichtlich, was den bedrohlichen Zukunftseindruck noch mehr verstärkt. Generell scheint die Feierstimmung verflogen; die leere Sektflasche schwimmt demgemäß im offenen Meer. Scheinbar ohne Ziel in Sicht, fristen die beiden Eltern auf grauer See ein trauriges Dasein (vgl. Abbildung 9).

Angesichts dieses bedrohlichen Zukunftsszenarios geht der Erzähler im weiteren Verlauf des Erklärvideos auf die Vorzüge des Riester-Rentenprodukts der Hannoverschen Versicherung ein. Die Imaginationsform wechselt währenddessen ihr Antlitz und wird fortan durch eine rationalitätssuggerierende Infografik dargestellt. Hiermit werden dann die wesentlichen Produktdetails visuell-narrativ vorgestellt und implizit der Abschluss der Versicherungsleistung empfohlen.

19 Ebd., 00:00:12–00:00:17.

Abbildung 10: Ausgangssituation (Erklärvideo zur Rürup-Rente der Hannoverschen Versicherung)

Dieses hier vorgestellte Grundmuster zeigt sich auch in den weiteren Erklärvideos der Hannoverschen Versicherung. So wird beispielsweise im Kontext des Rürup-Rentenprodukts eine selbstständige Schreinerin vorgestellt, die zunächst in zufriedener Manier ihrem Handwerk nachgeht (vgl. Abbildung 10).[20] Die Handlung wird wiederum vom gleichen Erzähler aus dem vorangegangenen Beispiel kommentiert: „Sie hier ist selbstständige Schreinerin und liebt das Chaos. Aber wenn ihre Rente auch mal zum Chaos wird, schaut sie dumm aus der Wäsche [Erzähler schmunzelt], denn vom Staat kriegt sie als Selbstständige überhaupt keine Rente!"[21] Das „Dumm-aus-der-Wäsche-Schauen" wird in der hieran anknüpfenden Zukunftsimagination eindrücklich inszeniert. Aus der jungen Selbstständigen ist eine arme Rentnerin geworden, die auf Gehstock sowie Almosen angewiesen ist. Durch die düstere Kulisse und einem ramponierten Schrank im Hintergrund, wird der armselige Zustand der pensionierten Schreinerin zusätzlich verdeutlicht (vgl. Abbildung 11).

Anhand der beiden Beispiele der Hannoverschen Versicherung lassen sich die generellen Grundmerkmale von Zukunftsimaginationen aufzeigen. Wie bereits unter Rückgriff auf die Ausführungen von Jens Beckert thematisiert, stellen diese immer fiktionale

20 Vgl. Hannoversche Versicherung: Wie funktioniert die Rürup-Rente? Erklärvideo auf der Produktseite zur Rürup-Rente. URL: https://www.hannoversche.de/altersvorsorge/ruerup-rente (Stand: 20. 1. 2020).

21 Ebd., 00:00:04–00:00:17.

Abbildung 11: Negative Zukunftsimagination (Erklärvideo zur Rürup-Rente der Hannoverschen Versicherung)

Erwartungen dar. Die Zukunft kann nur mithilfe des Entwerfens von fiktionalen Szenarien in den Betrachtungsfokus der Individuen rücken. Dieser Prozess vollzieht sich in einem Modus des So-tun-als-ob, der sich primär auf einer narrativen Ebene manifestiert. Zentral hierbei ist das Aufzeigen von Kausalbeziehungen und Pfadabhängigkeiten, die darlegen, weshalb es zur Verwirklichung des fiktional imaginierten Zukunftszustands kommen wird.

„Jedem Bild von einem spezifischen zukünftigen Zustand liegt eine Geschichte zugrunde, in der erzählt wird, wie sich die Gegenwart durch kausal miteinander verknüpfte Schritte in die imaginierte Zukunft verwandeln wird. (...) Die Geschichten stellen Kausalbeziehungen her, um zu zeigen, wie die Kluft zwischen dem gegenwärtigen Zustand der Welt und der prognostizierten Zukunft geschlossen werden wird, und liefern dem Publikum damit plausible Gründe dafür, das vom Prognostiker beschriebene Ergebnis als wahrscheinlich zu betrachten“ (Beckert 2018: 116).

In den Beispielen der Hannoverschen Versicherung ist es das Nichtvorhandensein einer privaten Rentenabsicherung, die – aufgrund der defizitären staatlichen Vorsorgeleistungen – unweigerlich ins fiktional imaginierte Verderben führen werde. Allgemein sind auch in den anderen Erklärvideos starke Kausalargumentationen anzutreffen. Diese werden – beispielsweise im Barmenia Erklärvideo – mittels visueller Analogien in Szene gesetzt. Nach Eintritt der Berufsunfähigkeit schrumpft das Auto

auf ein Miniaturformat dahin, das schicke Vorstadthaus muss einem uncharmanten Plattenbau weichen und ein Rollstuhl und weitere medizinische Symboliken erscheinen auf der Bildoberfläche.[22] In Abgrenzung zu Jens Beckerts allgemeiner Betrachtung von Zukunftsvorstellungen, folgen die fiktionalen Erwartungen im Versicherungskontext allerdings keiner linearen, sondern einer antithetisch-bipolaren Struktur. Es sind Wenn-dann-Szenarien, in denen unterschiedliche Zukunftszustände imaginiert werden. Der Imaginationsrahmen basiert dabei immer auf jeweils zwei möglichen Zukunftsfiktionen, die entweder einen positiven oder negativen Charakter aufweisen. Als positive Fiktionen wird in den Erklärvideos in der Regel eine glückliche und sorgenfreie Erhaltung der gegenwärtigen Ausgangssituation imaginiert. Bei den negativen Zukunftsvorstellungen dominiert indes das dramatisierende Aufzeigen zukünftiger Bedrohungs- und Unheilsszenarien.
Um die Erklärvideos der Versicherungsunternehmen – als Instrumente der Imagination – nun nähergehend zu charakterisieren, möchte ich vorschlagen, ein in der volkskundlichen Erzählforschung vormals breit beforschtes Erzählgenre wissenschaftlich zu revitalisieren. Es handelt sich hierbei um die Erzählgattung der Exempla, also Beispielerzählungen, die eine didaktische Funktion ausüben und einen „Appell für die Zukunft" (Bausinger 1980 [1968]: 212) vermitteln. Vor allem im mittelalterlichen sowie neuzeitlichen Christentum war der Gebrauch von Exempla weit verbreitet. Sie dienten dazu, die positiven beziehungsweise negativen Auswirkungen des richtigen beziehungsweise falschen Handelns – gemäß der christlichen Moral – anschaulich auszumalen und dadurch zu beweisen (vgl. ebd. 210 f.). Nun weisen die Sphäre der Religion und die Sphäre der Wirtschaft seit jeher bemerkenswerte Interdependenzen auf (vgl. Baecker 2003; Seele/Pfleiderer 2013). Deshalb mag es vielleicht auch nicht verwundern, dass die teilweise religiös-moralische Narrationsform der Exempla in der heutigen Zeit im Kontext der Wirtschaft forttradiert wird.
In dem einschlägigen Beitrag von Christoph Daxelmüller in der Enzyklopädie des Märchens ist das Exemplum als eine

„narrative Minimalform definiert, die einen abstrakten, theoretischen oder thesenhaften Textsinn konkret beleuchtet (illustrare), die in diesem enthaltene Aussage induktiv beweist (demonstrare) und damit sowohl eine dogmatische oder didaktische Interpretationshilfe schafft als auch – je nach dem das E. bestimmenden Kontext – mit moralisierender Implikation zur Belehrung, Erbauung oder Unterhaltung des Rezipienten (Lesers, Hörers) beiträgt

22 Vgl. Barmenia: Berufsunfähigkeit – Erwerbsminderungsrente reicht nicht aus. Erklärvideo zur Berufsunfähigkeitsversicherung, 00:00:16–00:00:24. URL: https://www.youtube.com/watch?v=qNz9PEOJNXE (Stand: 20. 1. 2020). Hinweis: Das besagte Erklärvideo war bei der Fertigstellung dieser Studie nicht mehr auf der entsprechenden Produktseite aufgeführt. Da es sich allerdings noch auf der Videoplattform YouTube einsehen lässt, ist hier die diesbezügliche URL angegeben.

(delectare). Ziel des E.gebrauchs ist die auf seiner Überzeugungskraft (persuasio) beruhende Aufforderung, sich am beispielhaften Vorbild zu orientieren (imitatio)" (Daxelmüller 1984: 627).

Nach meiner Lesart stellen die Erklärvideos der Versicherungsseiten moderne und visuelle Formen der Beispielerzählungen dar. Dies hängt in erster Linie mit Aufbau sowie Ablauf der Animationen zusammen, die in ihrer Basisstruktur dem traditionellen Erzählmuster der Exempla entsprechen. Das Grundschema des Erzählablaufs besteht dabei darin, „einen kurzen Geschehnissablauf vorzuführen, diesen kausal einsichtig zu machen und seine Kausalität von einer Tat (alternativ: vom Unterlassen einer Tat) herzuleiten" (Assion 1978 : 234). Dabei bestimmt „die Herstellung strenger Kausalität" (ebd.) den Handlungsrahmen. Eine richtige Entscheidung mündet unmittelbar in einer positiven Konsequenz, eine falsche dagegen zieht unweigerlich negative Auswirkungen nach sich. Das Exemplum stellt deshalb ein „dualistische[s] Demonstrationsverfahren" (ebd.: 235) dar, das eine „bipolar[e]" (ebd.: 237) Struktur aufweist und die Konsequenzen zweier Handlungsmöglichkeiten plastisch veranschaulicht und dramatisiert. Die Übereinstimmung der Erklärvideos mit den Beispielerzählungen zeigt sich an dieser Stelle deutlich. Zwar gibt es den Unterschied, dass bei vielen Erklärvideos die Zukunft lediglich fiktional antizipiert wird – sich also nicht wirklich einstellt – nichtsdestotrotz gibt es grundlegende Gemeinsamkeiten: Die Bipolarität der positiven und negativen Handlungsbausteine, die Aspekte der Kausalität und Dramatisierung sowie allen voran die belehrende Grundintention. Bei beiden Formen geht es allgemein darum die Wahrnehmung der Adressat*innen zu beeinflussen und ein „aktionsauslösendes" (ebd.: 232) Verhalten einzuleiten.
In Anlehnung an Daxelmüller können somit beide Exempelarten als „eine Methodik interpretiert werden, durch die eine bestimmte Denk- und Ordnungsform von argumentativer und beweisender Funktion in die Praxis übertragen wird" (Daxelmüller 1984: 631). Sowohl die christlichen Exempla, als auch die versicherungsspezifischen Erklärvideos dienen in dieser Hinsicht zur Durchsetzung der christlichen beziehungsweise versicherungstechnischen Weltsicht mitsamt den damit zusammenhängenden Handlungsvollzügen. Im Fall der versicherungsbasierten Beispielerzählungen bestimmt dabei das Rationalitätsschema des Risikos die Deutung der zukunftsbezogenen Wirklichkeit. Diese wird als potenziell bedrohlich und riskant interpretiert; die zwingende Vorsorge erscheint deshalb als die einzige rationale Handlungsoption. Es handelt sich hierbei um nichts anderes als den diskursiven Versuch, die risikobasierte Wirklichkeitswahrnehmung auszurufen und auf die Agenda der Adressat*innen zu setzen.
In diskursanalytischer Hinsicht ist Wahrheit nie etwas objektiv Gegebenes, sondern wird erst diskursiv erzeugt und ausgehandelt. Sie manifestiert sich in Wissens- und Machtbeziehungen, die „das Ensemble der Regeln [festlegen], nach denen das Wahre

vom Falschen geschieden und das Wahre mit spezifischen Machtwirkungen ausgestattet wird" (Foucault 1978: 53). In Bezug auf die wissenssoziologische Diskursanalyse lassen sich diesbezügliche Praktiken deshalb auch als Formen der „Wissenspolitik" beschreiben. Es handelt sich hierbei um „diskursiv strukturierte Bestrebungen sozialer Akteure, die Legitimität und Anerkennung ihrer Weltdeutungen als Faktizität durchzusetzen" (Keller 2011 [2005]: 193). Dass die Versicherungspraxis genau hierauf abzielt, kommt unter anderem klar in der von Tanja Hujber ausgegebenen Zielsetzung der Versicherungswerbung zum Vorschein: „Übergeordnetes Ziel der Versicherungswerbung sollte daher eine Angleichung der Meinungsrealität der Versicherungskonsumenten an die des Versicherungsunternehmens sein" (Hujber 2005: 278).[23]

Die allgemeine Versicherungskommunikation ist somit primär einer wissenspolitischen Strategie verpflichtet. Mithilfe vielfältiger Imaginationsverfahren gilt es den risikobehafteten Charakter der Zukunft als die dominante Deutung des Kommenden diskursiv zu etablieren. Es geht also darum den versicherungsspezifischen Blick auf Zukünftiges in den Kund*innen zu verankern. Hier zeigt sich somit das diskursive Grundprinzip der Zukunftsimaginationen im Versicherungskontext. Die ausgewerteten Versicherungsseiten agieren dabei mittels zweier Modi, die Zukünftiges bipolar imaginieren, um dadurch das Bedürfnis des Versicherungserwerbs zu wecken. Ich schlage vor, diese Vorgänge als den diskursiven Prozess der *Ver(un)sicherung* zu charakterisieren. Auf der einen Seite stehen dabei die diskursiven Praktiken der *Ver-unsicherung*, die auf das Etablieren des Risikobewusstseins bei den Adressat*innen abzielen. Bestimmte Zukunftsfacetten werden hierbei als potenziell bedrohlich imaginiert und die Notwendigkeit der Vorsorgeabsicherung hervorgehoben. Hieran knüpft dann der diskursive Modus der *Ver-sicherung* an. Es handelt sich dabei weniger um den Akt des Versicherungsabschlusses an sich, sondern um diskursive Praktiken der Vertrauensgenerierung, die mit vielfältigen Imaginationen positiver Zukunftsvorstellungen einhergehen. Anhand der Erklärvideos konnten diese zwei Modi einführend erläutert werden. Ihre Bipolarität kennzeichnet darüber hinaus die generelle Diskursstruktur der Zukunftsbezüge auf den ausgewerteten Versicherungsseiten. In den nachfolgenden

23 Die wissenspolitische Zielsetzung der Versicherungskommunikation zeigt sich auch mit Blick auf die Definition des Versicherungsbedarfs gemäß des Gabler Versicherungslexikons: „Versicherungsbedarf – Mit Kaufkraft ausgestattetes, objektiviertes Bedürfnis nach Versicherungsschutz. Die Kenntnis über den Versicherungsbedarf ist Grundvoraussetzung für eine adäquate Produktgestaltung durch den Versicherer, der somit eine entsprechende Bedarfsanalyse vorausgehen sollte. Teilweise ist der Versicherungsbedarf auch nur latent vorhanden. Der Bedarf ist damit zwar objektiv gegeben, wird aber vom Bedarfsträger subjektiv nicht wahrgenommen – eine typische Situation für viele Versicherungsprodukte (...). Es ist deshalb eine herausragende Aufgabe der Vertriebskräfte, den latenten Bedarf zu wecken und für den Kunden bewusst zu machen" (Gabler Versicherungslexikon 2017 [2011]: 995).

Kapiteln geht es nun darum, diesen Sachverhalt zu spezifizieren und die Grundlogiken sowie die zentralen Instrumente der *Ver(un)sicherung* zu erläutern.

4.3 Wahrscheinlichkeitsverweise als Wissenspolitik

„Wir müssen als Versicherer und Makler den Menschen also nicht nur Lösungen für Risiken wie Berufsunfähigkeit, Pflegebedürftigkeit oder Altersarmut durch flexible und attraktive Produkte bieten. Unsere Aufgabe ist auch, ihnen die richtige Risikoeinschätzung zu vermitteln. Allein bei der Allianz Leben bearbeiten wir jährlich mehr als 10.000 Neuanmeldungen von Leistungsansprüchen aus BU-Verträgen. Von der Gefahr, berufsunfähig zu werden, habe ich bislang nur selten Menschen außerhalb der Versicherungswirtschaft reden hören: weder bei meinem letzten Flug noch im Restaurant. Lassen sie uns also mehr Bewusstsein bei den Menschen für die wirklichen Risiken schaffen" (Bastian 2018: 35).

Dieses Zitat entstammt einem Beitrag aus einer Ausgabe des Allianz Maklermagazins. Es handelt sich hierbei um ein Format, das sich dezidiert an unabhängige Versicherungsmakler*innen wendet und Produktinformationen sowie Argumentationshilfen für die Kund*innenkommunikation der einzelnen Makler*innen bereitstellt. Der zitierte Artikel ist als Abschlusskommentar der Ausgabe aufgeführt und trägt den bezeichnenden Titel „Das wahre Risiko" (ebd.:). Es wird auf die Relevanz der Berufsunfähigkeitsversicherung hingewiesen, wobei die vermeintlichen Fehleinschätzungen bezüglich der individuellen Risikowahrnehmung hervorgehoben werden. Zentral ist dabei die Zahlenangabe der 10.000 neuen Leistungsansprüche, die jährlich bei der Allianz Deutschland AG bearbeitet werden. Die Angabe mag hoch und bedeutsam dünken, auf alle Fälle erscheint sie als driftiges Argument für den Versicherungsabschluss, denn „Zahlen erzeugen Sachzwang" (Pörksen 1997: 199). Sie erwecken den Eindruck wissenschaftlicher Faktizität und lassen sich darüber hinaus nur schwer negieren (vgl. Heintz 2007: 78). Betrachtet man nun allerdings die dominante Marktmacht der Allianz im deutschen Lebensversicherungsgeschäft[24] sowie die Gesamtpopulation in Deutschland, dann relativiert sich die Zahl. Vielleicht reden die Menschen im Flugzeug und Restaurant ja gerade deshalb nicht über die Thematik, weil der Sachverhalt doch eine komplexere gesellschaftliche Dimension annimmt, als sich durch entsubjektivierende Zahlenangaben sowie Statistiken darstellen lässt? Dies gilt es im Folgenden näher zu erörtern. In Bezug auf das vorangegangene Kapitel kann das aufgeführte Zitat der wissenspolitischen Logik des Risikobewusstsein-Schaffens *(Ver-unsicherung)* zugeordnet werden. Sie

24 Im Jahr 2018 betrug der Marktanteil der Allianz Lebensversicherung 24,6 Prozent. Der Abstand zur zweitplatzierten R+V Versicherung (Marktanteil: 6,1 Prozent) fällt dabei überaus deutlich aus (vgl. Wenig 2019).

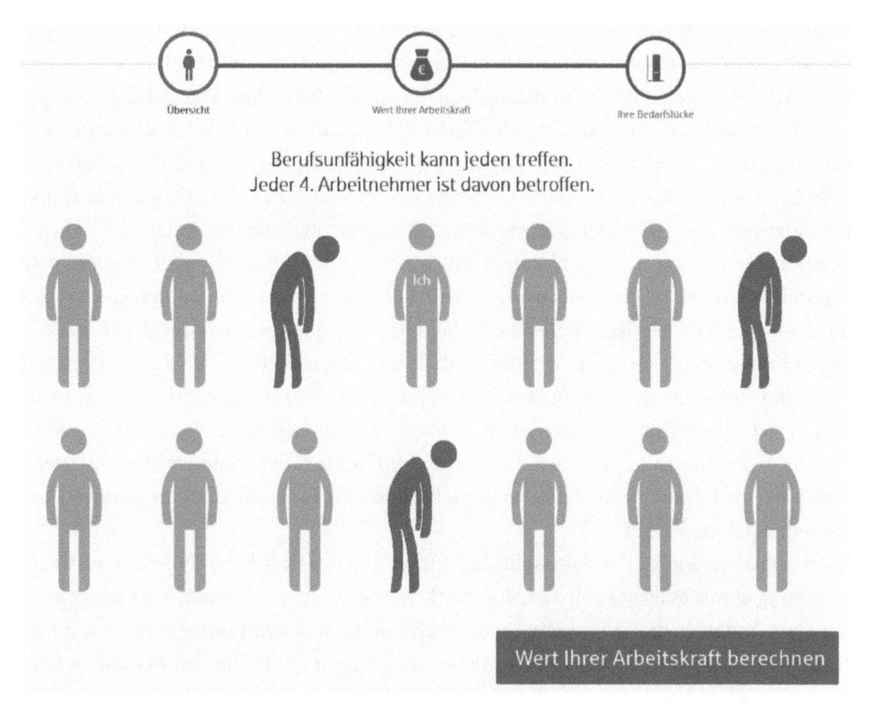

Abbildung 12: Infografik zur Berufsunfähigkeitswahrscheinlichkeit (auf der Produktseite zur Berufsunfähigkeitsversicherung der SV SparkassenVersicherung)

zielt auf die Etablierung der versicherungsmathematischen Sicht der Wirklichkeit und die damit einhergehende Verankerung der Risikowahrnehmung in den Adressat*innen ab. Besonders im Feld der Berufsunfähigkeit wird hierbei häufig auf statistische Verweise zurückgegriffen. Auf das Visualisierungsbeispiel der statistischen Krankheitsverteilung wurde diesbezüglich bereits weiter oben eingegangen (siehe Kapitel 4.1). Daneben prägt insbesondere ein weiterer Statistikbezug die Argumentationsstruktur der ausgewerteten Produktseiten. Es handelt sich dabei um den statistischen Wert, wonach jeder/jede vierte Arbeitnehmer*in im Laufe des persönlichen Erwerbslebens von einer Berufsunfähigkeit betroffen sei. Dieser Wert ist an manchen Stellen in Form einer Infografik visualisiert, wobei die textuelle Einbettung auf die potenzielle künftige Bedrohungslage der Individuen hinweist.

Ein Beispiel dafür ist auf der Versicherungsseite zum Berufsunfähigkeitsprodukt der SV SparkassenVersicherung zu finden (vgl. Abbildung 12). Es ist in die textuelle Argumentationsstruktur eingebettet und sticht aufgrund seiner Größe sowie Farbgebung in prägnanter Weise hervor. Der Titel der Grafik lautet „Berufsunfähigkeit kann jeden treffen. Jeder 4. Arbeitnehmer ist hiervon betroffen". Er bildet den narrativen Bezugspunkt für die darauf aufbauenden Visualisierungssymboliken, bei denen es sich in erster Linie um sogenannte „Männchen-Icons" handelt. Insgesamt sind 14 dieser Icons abgebildet, wobei manche in der Signalfarbe Rot erscheinen und eine gekrümmte Haltung einnehmen. Sie verkörpern die proportionale Verteilung der Berufsunfähigkeitsfälle bezogen auf das dargestellte Gesamtkollektiv. Aufgrund ihrer Gestaltung transportieren sie eine Bedrohungsassoziation, denn ihr abgebildeter Zustand erscheint angeschlagen und resigniert. Nun handelt es sich bei der Infografik um eine animierte Darstellungsform, in der das Los der Berufsunfähigkeit peu à peu durch die Reihen der Icons schreitet. In der oberen Mitte befindet sich dabei ein Icon, welches mit der Bezeichnung „Ich" versehen ist und deshalb als Identifikationssymbol fungiert. Im Laufe der Betrachtung wird auch dieses Icon von der Berufsunfähigkeit heimgesucht und sprichwörtlich in Mitleidenschaft gezogen. Die Botschaft der Infografik ist klar: Die Berufsunfähigkeit kann auch dich treffen! Im Kontext der weiteren Produktseitenelemente wird deshalb der Versicherungsabschluss als sinnvolle und notwendige Vorsorgemaßnahme betont.

Das potenzielle Risiko der Berufsunfähigkeit wird in der Grafik der SV SparkassenVersicherung somit eindrücklich visualisiert. Dabei agiert sie in einem Modus der gegenwärtigen Zukunft, da sie aktuelle Sachverhalte in die Zukunft projiziert und als künftig gegeben imaginiert. Nun stellen solche statistischen Darstellungen besondere Formen der Zukunftsantizipation dar, denn im Gegensatz zu anderen Instrumenten der Imagination beziehen sie sich generell auf abstrakte Wahrscheinlichkeitsrelationen. In Bezug auf Michel Foucault lässt sich die Infographik deshalb als eine Imaginationsstrategie beschreiben, die sich vordergründig auf den „Gattungs-Menschen" (Foucault 2002: 286) bezieht; also auf ein ent-individualisiertes Subjekt, das nur in Bezug auf ein Gesamtkollektiv in Erscheinung tritt. Die Subjektbezogenheit und Individualität des „Körper-Menschen" (ebd.) verschwindet dabei gänzlich. Dieser Sachverhalt ist überaus bedeutsam, denn in Statistiken kann der spezifische Einzelfall – der sich jeglicher Berechnung und Kalkulation zwangsläufig entzieht – nicht dargestellt werden (vgl. Nikolow 2006: 264). Die Berufsunfähigkeit des „Ich"-Icons in der Infografik ist deshalb eben nicht der subjektive Einzelfall, sondern eine kollektivbezogene Wahrscheinlichkeitsrelation. Entscheidend hierbei ist nun, dass solche statistischen Aufbereitungen auf einem reduktionistischen und verallgemeinernden Betrachtungsraster basieren. Ausgehend von einer speziell definierten Bezugsgröße, werden die sich hierauf beziehenden Zahlenverhältnisse statistisch erfasst und als Durchschnittswerte wiedergegeben (vgl. ebd.; Heintz 2012: 19). Allerdings gehen dabei die vielfältigen Nuancen des Sachverhalts verloren. Salopp gesprochen ist Berufsunfähigkeit eben nicht gleich Berufsunfähigkeit, denn sie hat viele Facetten und umfasst unterschiedliche Zeiträume: Sie kann sich in jungen Jahren ereignen, als auch kurz vor Rentenbeginn, wobei ihre zeitliche Dauer immer abhängig von der subjektiven Krankheitssituation ist. Darüber hinaus kann sie auch nur teilweise attestiert werden, sodass die Berufsausübung in eingeschränkter Form weiterhin möglich ist. Hinter der faktisch anmutenden Definition der Berufsunfähigkeit verbirgt sich somit soziale Komplexität und Vielschichtigkeit. Dies wird allerdings in den Graphiken und in den vielfältigen textuellen Bezügen hierauf ausgeklammert. In visueller Hinsicht handelt es sich bei solchen Infografiken um Visiotype, die anschaulich einen Sachverhalt darlegen, dabei allerdings verallgemeinern und simplifizieren. Da von ihnen der Schein der Objektivität ausgeht, sind sie aus einer wissenspolitischen Perspektive heraus von großer Relevanz. In Anlehnung an Pierre Bourdieu lassen sich diese Infografiken deshalb auch als Repräsentationsformen charakterisieren, die „Benennungsmacht" (Bourdieu 1991 [1985]: 23) ausüben. Im Mantel statistischer Faktizität bescheinigen sie der Zukunft einen potenziell riskanten Verlauf und tragen somit zur diskursiven Legitimierung der Versicherungsargumentation bei.

Um diesem abstrakten Wahrscheinlichkeitsverhältnis nun ein Gesicht zu verleihen, werden auf einigen der ausgewerteten Produktseiten Fallbeispiele von Betroffenen aufgeführt. In der Regel ist hierbei ein Fotomotiv mit der entsprechenden Person abgebildet, an das ein Erläuterungstext anknüpft, der den Hintergrund des Berufsunfähigkeitsfalls erklärt.[25] Auf der Produktseite der Zürich Versicherung erfolgt dies jedoch in Form eines Beispielfilms, in welchem der Bertoffene selbst zu Wort kommt. Dabei wird das statistische Wahrscheinlichkeitsverhältnis zunächst in einem übergeordneten Erklärvideo veranschaulicht. Die Argumentation basiert hier wiederum auf der wissenspolitischen Logik des Aufzeigens einer inkorrekten Risikowahrnehmung: „Die Wahrscheinlichkeit, dass Sie es selbst einmal trifft, ist höher als Sie denken. Denn jeder Vierte wird im Laufe seines Lebens berufsunfähig – unabhängig davon welchen Beruf Sie ausüben und was Sie in ihrer Freizeit tun."[26] Der Statistikverweis wird in visueller Hinsicht durch einen Pfeil symbolisiert, der sich über den Köpfen einer vierköpfigen Gruppe hinfortbewegt. Zunächst in schneller Gangart, dann allmählich langsamer werdend, weckt der Vorgang die Assoziation eines Lotteriespiels von riskanter Natur. Am Ende kommt der Pfeil zum Stillstand und verweilt über der männlichen Figur am rechten Bildrand.[27] Dies ist durchaus erwähnenswert, denn im diagonal platzierten

25 Vgl. ERGO: Produktseite zur Berufsunfähigkeitsversicherung. URL: https://www.ergo.de/de/Produkte/Berufsunfaehigkeitsversicherung (Stand: 20.01.2020); CosmosDirekt: Produktseite zur Berufsunfähigkeitsversicherung. URL: https://www.cosmosdirekt.de/berufsunfaehigkeit-fuer-berufserfahrene/#leistungsfaelle (Stand: 20.1.2020).

26 Zürich Versicherung: Erklärvideo zur Berufsunfähigkeitsversicherung, 00:00:56–00:01:04. URL: https://www.zurich.de/de-de/privatkunden/vorsorge-und-vermoegen/existenzschutz/berufsunfaehigkeits-schutzbrief (Stand: 20.1.2020).

27 Vgl. ebd., 00:01:04.

Abbildung 13: Diagonale Anordnung der Filmaufnahmen (Produktseite zur Berufsunfähigkeitsversicherung der Zürich Versicherung)

Beispielfilm handelt es um einen männlichen Betroffenen. Die Anordnung der beiden Videos lässt sich demgemäß als eine Spiegelinszenierung deuten, in welcher der abstrakt-statistische Wahrscheinlichkeitswert in die Wirklichkeit überführt wird und sich im Beispiel des Betroffenen manifestiert (vgl. Abbildung 13).
Eine weitere Form der Wahrscheinlichkeitsvisualisierung befindet sich auf der Produktseite der Württembergischen Versicherung.[28] Wiederum handelt es sich um eine filmische Darstellung in deren Verlauf vier jüngere Personen nähergehend vorgestellt werden. Dabei steht ihre Berufsausübung mitsamt ihres geschätzten Lebensverdiensts im Vordergrund. Bei allen vier Protagonist*innen überschreitet die Summe dabei die Millionengrenze, wodurch die besondere Signifikanz einer Einkommensabsicherung verdeutlicht wird. Als Handlungskulisse fungiert ein Kinokomplex indem sich die Personen bewegen und auf den auch in einer Erzählsequenz thematisch Bezug genommen wird: „Im Berufsleben ist es wie im Kino. Man sucht sich den Film zwar selbst aus, kennt das Drehbuch aber nicht. Happy End ganz ohne Drama? Bevor man die

28 Vgl. Württembergische Versicherung: Mein Millionen Job. Einführungsfilm auf der Produktseite zur Berufsunfähigkeitsversicherung. URL: https://www.wuerttembergische.de/de/produkte_privatkunden/unfall_und_berufsunfaehigkeit/berufsunfaehigkeitsversicherung/berufsunfaehigkeitsversicherung.html (Stand: 20. 1. 2020).

Abbildung 14: Die Visualisierung der Wahrscheinlichkeitsrelation (Einführungsfilm zur Berufsunfähigkeitsversicherung der Württembergischen Versicherung)

Regie abgibt, sollte man auf Nummer sicher gehen."[29] Es handelt sich hierbei um das letzte von insgesamt vier Zukunftsstatements der jeweiligen Protagonist*innen. Direkt im Anschluss daran übernimmt dann ein übergeordneter Erzähler das Wort, während gleichzeitig eine eher tragisch anmutende Hintergrundmelodie einsetzt, welche die Botschaft des Erzählers nochmals verstärkt.

„Was viele unterschätzen: Jeder Vierte scheidet vorzeitig aus dem Berufsleben aus. Damit das Leben dann nicht zum Drama wird braucht man jemanden auf den man sich felsenfest verlassen kann. Jemanden der sich kümmert und immer an Ihrer Seite ist. Entscheiden Sie; weil Sie es verdienen! Sichern Sie Ihre Arbeitskraft mit einer Berufsunfähigkeitsversicherung! Die Württembergische – Ihr Fels in der Brandung."[30]

In visueller Hinsicht wird der Wahrscheinlichkeitsverweis dabei durch die Einblendung der vier Protagonist*innengesichter veranschaulicht (vgl. Abbildung 14). Die Gesichter sind in einer Reihe linear angeordnet; ihr Blick schweift jeweils in die Ferne. Am unteren Bildrand erscheint kurz darauf eine Spracheinblendung, die wiederum den Zufalls- und Lotteriecharakter des Berufsunfähigkeitseintritts hervorhebt: „Jeder Vierte wird berufsunfähig. Aber wen wird es treffen?" Durch diese Visualisierungsstrategie wird der Statistikverweis personifiziert und erhält dadurch ein sprichwörtliches Gesicht. Die abstrakte Wahrscheinlichkeitsgröße wird hierbei in ein nachvollziehbares und schnell erfassbares Anschauungsbild übersetzt. Gleichwohl ist diese

29 Ebd., 00:01:26–00:01:38.

30 Ebd., 00:01:41–00:02:05.

Darstellungsweise fragwürdig, denn anstatt des virtuellen Gattungsmenschen werden hier real existierende Personen herangezogen. Wie bereits thematisiert, lassen sich solche Einzelfälle allerdings nie statistisch berechnen. Aus diesem Grunde darf durchaus angezweifelt werden, ob überhaupt eine der abgebildeten Personen davon zukünftig betroffen sein wird.

Generell zeigt sich an diesem Beispiel ein typisches Merkmal von Risikodiskursen. So betont Alan Hunt, dass kollektivbezogene Statistikberechnungen in der Regel immer auch mit individualisierenden Maßnahmen einhergehen, um den Stellenwert der Risikokalkulation besser verdeutlichen zu können.

„On the other hand, ‚risk' discourses, especially in their technical forms (statistics, actuarial tables, epidemiology), totalize aggregated populations (...). There is, however, a constant movement back and forth between individual and totalizing logics in what holds at the aggregate does not necessarily provide secure guidance with respect to individual practices" (Hunt 2003: 176).

Auch auf den ausgewerteten Versicherungsseiten ist es nun genau diese janusköpfige Argumentationsstruktur, welche die Wahrscheinlichkeitsverweise wesentlich prägt. Zunächst dienen Statistiknennungen sowie -visualisierungen dazu, die scheinbar objektive Relevanz des Sachverhalts zu verdeutlichen. Daran anknüpfend werden dann diese abstrakten Wahrscheinlichkeitsrelationen – mithilfe von individualisierenden Beispielen – subjektiviert und auf Einzelfälle heruntergebrochen, die dem virtuellen Berufsunfähigkeitsrisiko ein anschauliches Antlitz verleihen. Im Zentrum steht dabei die wissenspolitische Zielsetzung der *Ver-unsicherung*. Die hier vorgestellten Visualisierungsstrategien zielen deshalb wortwörtlich auf die individuelle „Ein-Sicht" (Mayerhauser 2006: 85) der Vorsorgenotwendigkeit ab.

Neben den bisher thematisierten Strategien zeigt sich die wissenspolitische Praktik der *Ver-unsicherung* auch in einer metaphorischen Gestalt. Ihre Betrachtung steht deshalb im Mittelpunkt des nachfolgenden Kapitels.

4.4 Die Metaphorik der Lücke

„Ökonomen leben in Metaphern" – dieser Titel eines Aufsatzes Deirdre N. McCloskeys (2009) beschreibt anschaulich den großen Stellenwert, den der Verwendung von Metaphern im Bereich der Wirtschaft zukommt. Die teilweise sehr abstrakten und virtuellen Aspekte der Ökonomie lassen sich mithilfe von Metaphern in allgemein verständliche Konzepte übersetzen. Als ein bekanntes Beispiel lässt sich unter anderem auf die Metapher der „Unsichtbaren Hand" verweisen, welche die Regulierung der Märkte zum Wohle aller Marktteilnehmenden steuern würde (Pahl 2013: 277). Aber selbst die hier zum Vorschein kommende Rede vom Markt an sich, stellt letzten Endes nichts Weiteres als eine metaphorische Beschreibung eines ökonomischen Austauschgefüges dar (vgl. McCloskey 2009: 109).

Im Kontext des Versicherungswesens ist vor allem eine Metapher von großer Relevanz: die Lücke. Sie kann als die Versicherungsmetapher schlechthin aufgefasst werden, denn in ihr findet die zentrale Praxis des Risikobewusstsein-Schaffens ihren stärksten metaphorischen Ausdruck. Deshalb verwundert es auch nicht, dass Verweise auf Versicherungslücken einen zentralen Topos des Versicherungswesens darstellen. Allein die Eingabe von „Versicherung" und „Lücke" bei der Online-Suchmaschine Google ergibt ein Trefferergebnis von mehr als fünf Millionen Einträgen. Egal ob von Einkommens-, Renten- oder Vorsorgelücken die Rede ist – die Mangel- und Bedrohungsmetapher wird in den analysierten Versicherungsseiten breit rezipiert.

Um nun aber von einer bestimmten Lücke sprechen zu können, bedarf es immer eines Bezugspunkts. Bei den hier analysierten Vorsorgeprodukten kommt jene Rolle in erster Linie den staatlichen Absicherungsleistungen zu, deren Unzulänglichkeit argumentativ hervorgehoben wird. Sie würden im Leistungsfall lediglich einen „Bruchteil"[31] der benötigten finanziellen Mittel bereitstellen und somit eine „klaffende Lücke"[32] bei den Vorsorgesubjekten hinterlassen. Zur Veranschaulichung der Vorsorgeengpässe greifen viele Versicherungen dabei auf spezifische Lückengrafiken und -rechner zurück. Dies ermöglicht der sprachlichen Metapher auch in visueller Hinsicht eine Gestalt anzunehmen.

Als ein anschauliches Beispiel kann die interaktive Infografik zur Risikolebensversicherung der AachenMünchener herangezogen werden (vgl. Abbildung 15). Die Grafik fordert die Nutzer*innen auf, eine eigene Einschätzung bezüglich der potenziellen Vorsorgelücke abzugeben. Der Aufbau der Grafik basiert dabei auf zwei Bildsphären. Die linke Hälfte imaginiert den beispielhaften finanziellen Ist-Zustand einer vierköpfigen Familie. Ihr Nettoverdienst von 2.225 € ist dabei fett hervorgehoben. Die rechte Bildsphäre antizipiert demgegenüber ihre zukünftige finanzielle Situation nach Dahinscheiden des hauptverdienenden Familienmitglieds. Mithilfe eines digitalen Schiebers können die Nutzer*innen nun mehrmals versuchen, ihre daraus resultierende Vorsorgelücke einzuschätzen. Bei einer Fehleinschätzung können sie es erneut versuchen oder gleich das Ergebnis abrufen. Entscheiden sie sich für die Auflösung, erscheint die relationale Beziehung der staatlichen Hinterbliebenenleistungen zum ursprünglichen

31 HUK-Coburg: Braucht man eine Berufsunfähigkeitsversicherung? Erklärvideo auf der Produktseite zur Berufsunfähigkeitsversicherung, 00:00:44. URL: https://www.huk.de/vm/axel.breuer/gesundheit-vorsorge-vermoegen/existenzsicherung/berufsunfaehigkeitsversicherung.html (Stand: 20.1.2020).

32 Barmenia: Erklärvideo zur Berufsunfähigkeitsversicherung, 00:00:26 (siehe Anmerkung 22).

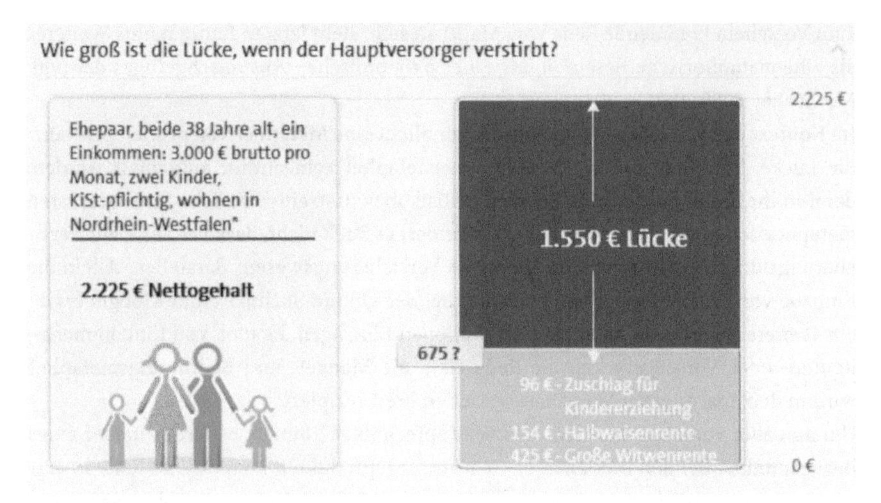

Abbildung 15: Lückengrafik nach Auflösung (Interaktive Infografik auf der Produktseite zur Risikolebensversicherung der AachenMünchener)

Monatseinkommen. Der größte Teil des rechten Grafikfensters wird im Zuge dessen als Lücke gekennzeichnet, wobei die Signalfarbe Rot den potenziell bedrohlichen Zukunftsnotstand regelrecht ausmalt.

Wie wir sehen wird mithilfe von solchen Lückengrafiken Zukunft in einer räumlichen Form visualisiert. Sie bekommt Konturen sowie ein bestimmtes Volumen und lässt sich somit antizipieren. Aufgrund der Darstellung als ein nur teilweise befülltes Behältnis, erscheint die aktuelle Vorsorgesituation als mangelhaft. Es gelte somit weitere Schritte zu unternehmen, um die visualisierte Vorsorgelücke zukünftig abdecken zu können. Generell agiert die Infografik dabei defuturisierend, denn die aktuellen staatlichen Leistungsbeträge werden in die Zukunft projiziert und als zukünftig gegeben imaginiert. Der Möglichkeitsspielraum schließt sich demgemäß, die Zukunft wird festgesetzt. Darauf aufbauend fordert die Infografik zur Neujustierung der eigenen Vorsorgemaßnahmen auf, denn von ihrer aktuellen Gestalt geht die Suggestion der Unzulänglichkeit aus. Als ein diskursives Element des Risikobewusstsein-Schaffens folgt sie allgemein der wissenspolitischen Belehrungslogik: *Hätten sie das für möglich gehalten?* Besonders kritisch kann dabei der Sachverhalt bewertet werden, dass die interaktive Grafik die Richtigeinschätzung gar nicht erst erlaubt. Der Schieber lässt sich nämlich gar nicht an der vermeintlich richtigen Stelle platzieren. Egal wie sich die Nutzer*innen also verhalten, sie werden ausnahmslos mit der Inkorrektheit ihrer subjektiven Einschätzungen konfrontiert.

Abbildung 16: Visualisierung der Versorgungslücke (Erklärvideo auf der Produktseite zur Risikolebensversicherung der CosmosDirekt)

Wie bereits thematisiert wurde, stellt das Aufgreifen der Lückenmetapher ein weit verbreitetes Phänomen in den analysierten Versicherungsmedien dar. Darüber hinaus wird die Metapher an manchen Stellen auch in räumlicher Hinsicht illustriert, als Loch beziehungsweise als Riss im Boden (vgl. Abbildung 16). Besonders eindrücklich vollzieht sich dies im CosmosDirekt Erklärvideo zur Risikolebensversicherung. Die anfänglich skizzierte Versorgungslücke nimmt hier im weiteren Verlauf der Handlung, die Gestalt eines gefährlichen Abgrunds an (vgl. Abbildung 17).
Als Problemlöser tritt dann die Versicherungsleistung der CosmosDirekt in Erscheinung, die sprichwörtlich die Versorgungslücke abdeckt und der Familie einen festen finanziellen Grund sichert.[33] Ähnliches vollzieht sich auch im Beispiel der HUK-Coburg. Hier ist weniger die Protagonistin direkt betroffen, sondern vor allem ihr Hab und Gut. Nach dem Auftun der Lücke stürzen Auto, Spareinlagen und die zukünftige Urlaubsreise darin hinein und verschwinden gänzlich. Wieder ist es die Versicherung, die, in der Verkörperung eines Absicherungsnetzes, die drohenden Verluste auffängt und ihren Erhalt sicherstellt.[34] Wie wir sehen bietet die Metaphorik der Lücke eine

33 Vgl. CosmosDirekt: Erklärvideo zur Risikolebensversicherung, 00:00:40–00:00:43 (siehe Anmerkung 14).

34 Vgl. HUK-Coburg: Erklärvideo zur Berufsunfähigkeitsversicherung, 00:00:48–00:02:11 (siehe Anmerkung 31).

Abbildung 17: Die Versorgungslücke als gefährlicher Abgrund in Szene gesetzt (Erklärvideo auf der Produktseite zur Risikolebensversicherung der CosmosDirekt)

breite Vielfalt an visuell-narrativen Anknüpfungsmöglichkeiten. Die hier zum Vorschein kommende Sturz- und Auffangmetaphorik stellt sicherlich eine der verbreitetsten davon dar (siehe hierzu auch Kapitel 4.6). Darüber hinaus kommt in dem ausgewerteten Material eine weitere zentrale metaphorische Verknüpfung zum Vorschein. Es wurde bereits darauf eingegangen, dass in den Versicherungsseiten Vorsorgelücken als etwas Bedrohliches dargestellt werden. Mithilfe eines Versicherungsvertrags könnten diese aber geschlossen und dadurch potenzielles Unheil abgewendet werden. Es ist nun dieser Sachverhalt des Lückenschließens, der in den Versicherungsseiten mit einer speziellen visuellen Strategie hervorgehoben wird. Die Versicherungsunternehmen greifen dabei die Metaphorik der Lücke auf, setzen sie in Szene und antworten darauf mit der Gegenmetaphorik der Fülle. Dem Mangel – also dem Zu-wenig-von-Etwas – wird somit der Aspekt der Reichhaltigkeit entgegengesetzt. Es handelt sich hierbei immer um ein inhaltliches Mehr, einen Vorsorgezusatz beziehungsweise -bonus. Nicht umsonst lautet beispielsweise der Slogan der genossenschaftlichen R+V Versicherung „Die Versicherung mit dem Plus".[35] Die Metaphorik der Lücke und die Metaphorik der Fülle gehen deshalb Hand in Hand in der Versicherungskommunikation. Sie korrespondieren miteinander und verleihen der Versicherungsleistung Relevanz.

35 R+V Versicherung: Startseite. URL: https://www.ruv.de/home/ (Stand: 20. 1. 2020).

Leistungen der Risikolebensversicherung	Basis Umfassende Grundabsicherung	Comfort Top-Schutz mit vielen Extras	Comfort Plus Top-Schutz mit noch mehr Extras
Weltweite finanzielle Absicherung Ihrer Hinterbliebenen im Todesfall	✓	✓	✓
Versicherungsnehmer im Nachgang änderbar	✓	✓	✓
Dynamik-Option	✓	✓	✓
Option auf Unfall-Zusatzversicherung	✓	✓	✓
Versicherungsschutz ab Antragseingang	✓	✓	✓
Anpassung der Versicherungssumme bei wichtigen Lebensereignissen (Nachversicherungs-Garantie)	✓	✓	✓
Sofortauszahlung bei schwerster Krankheit	–	✓	✓
Laufzeit verlängerbar	–	✓	✓
Sofortiger Kinder-Bonus bei Geburt oder Adoption	–	✓	✓
Sofortiger Bau-Bonus bei Bau oder Kauf einer Immobilie	–	✓	✓
Kinder-Zusatz-Schutz bei Erkrankung eines Kindes	–	✓	✓
Notfall-Sofortleistung (bei Diagnose Herzinfarkt oder Schlaganfall)	–	–	✓
Sofortleistung bei Erwerbsunfähigkeit (infolge Herzinfarkt, Schlaganfall oder eines Unfalls)	–	–	✓

Abbildung 18: Übersichtsgrafik zu den tarifbezogenen Versicherungsleistungen (Produktseite zur Risikolebensversicherung der CosmosDirekt)

Dies zeigt sich in besonders prägnanter Weise anhand der Übersichtstabellen zu den einzelnen Produkttarifen.[36] Zur Veranschaulichung kann an dieser Stelle an das eben thematisierte Beispiel der Risikolebensversicherung der CosmosDirekt angeknüpft werden. Wie bereits gezeigt, wird die Versorgungslücke im Erklärvideo des Versicherers visuell-narrativ vermittelt. Klickt man nun auf den Reiter „Leistungsdetails", so folgt eine Übersichtsliste zu den einzelnen Tarifen des Unternehmens (vgl. Abbildung 18).

Schon die Namensgebung der Tarife ist bezeichnend und rekurriert auf die Füllmetaphorik. Neben dem „Basis"-Tarif, der eine „umfassende Grundabsicherung" verspricht, stehen ein „Comfort"-Tarif („Topschutz mit vielen Extras") sowie ein „Comfort Plus"-Tarif („Topschutz mit noch mehr Extras") zur Auswahl. In der dazugehörigen Übersichtstabelle werden die einzelnen Extras dann detailliert aufgelistet. Die unterschiedlichen Versicherungsleistungen erscheinen dort als umfassende Gesamtpakete

36 Vgl. exemplarisch AXA: Unsere Tarife – flexibel und fair. Übersichtsgrafik auf der Produktseite zur Berufsunfähigkeitsversicherung. URL: https://www.axa.de/berufsunfaehigkeitsversicherung (Stand: 20. 1. 2020); Allianz: Allianz Berufsunfähigkeitsversicherungen. Übersichtsgrafik auf der Produktseite zur Berufsunfähigkeitsversicherung. URL: https://www.allianz.de/vorsorge/berufsunfaehigkeitsversicherung/ (Stand: 20. 1. 2020).

an wertvollen einander ergänzenden Vorsorgekomponenten, deren Inhalte wiederum durch Semantiken der Fülle gekennzeichnet sind. Viele der Leistungsbausteine weisen dabei die Wörter „Bonus", „Zusatz" oder „Sofortleistung" auf. In der Übersichtsliste werden sie additiv in Beziehung gesetzt, was den Eindruck eines qualitativen Mehrwerts der einzelnen Tarife anschaulich inszeniert. Vermeintliche Vorsorgelücken, so die Botschaft, können mit den Versicherungstarifen der CosmosDirekt in umfassender Weise abgedeckt werden – allerdings nicht im gleichen Umfang. Bezeichnenderweise kommt in der Übersichtsliste die kapitalistische Verwertungslogik zum Vorschein, denn die Tarife sind nicht identisch, sondern unterscheiden sich in qualitativer Hinsicht. In der Grafik werden sie zueinander in Beziehung gesetzt, wodurch wiederum neue vermeintliche Absicherungslücken entstehen. Diese werden durch die gestaffelte Auflistung erst explizit erzeugt. Lediglich der teuerste Premiumtarif „Comfort Plus" ist im Stande, den allumfassenden Leistungsrahmen – der vom Versicherer selbst definiert wurde – vollständig abzudecken.
Eine besondere Bedeutung kommt im Zuge dessen der, in der Übersichtsliste verwendeten, Differenzierungssymbolik zu. Die einzelnen Bausteine werden dabei mittels eines Häkchens den jeweiligen Tarifen zugerechnet. Nicht zuletzt nimmt die Grafik deshalb auch den Charakter einer Checkliste an. Allgemein kann diese spezielle Listenart als eine spezifische Planungstechnik aufgefasst werden, die den Individuen hilft, erforderliche Maßnahmen zu realisieren. Erst wenn jegliche Maßnahmen mit einem Häkchen versehen wurden, ist die umfassende Planung und Vorsorge abgeschlossen. Von der in Checklisten-Manier gestalteten Übersichtsgrafik des hier aufgegriffenen Beispiels, geht somit auch eine imperative Handlungsaufforderung aus. Erst das Abhaken aller Vorsorgekomponenten zieht einen kompletten Vorsorgeschutz nach sich.
Generell spielt die Häkchensymbolik eine zentrale Rolle in der Versicherungskommunikation. In den ausgewerteten Versicherungsseiten werden sie mannigfaltig aufgegriffen und verleihen dadurch der Metaphorik der Fülle ihren symbolischen Ausdruck. Mehr als 800 Mal finden sie in den unterschiedlichsten Kontexten versicherungsübergreifend Verwendung. Das Häkchen kann dabei als das Vorsorgesymbol schlechthin definiert werden. Schon das allgemein bekannte Sprichwort „Früh krümmt sich, was ein Häkchen werden will" verweist auf den zukunftsorientierten Handlungsvollzug, dessen Realisierung durch das Häkchen-Setzen symbolisch verkörpert wird. Darüber hinaus transportiert dieses Schriftzeichen immer auch eine positive Bewertung, denn es markiert in erster Linie das richtige und angemessene Handeln. Für die Versicherungskommunikation ist das Vorsorgehäkchen deshalb besonders geeignet auf die Notwendigkeit und den Nutzen eines Versicherungsabschlusses aufmerksam zu machen. Nicht nur in den besagten Übersichtsgrafiken, sondern auch an vielen weiteren Stellen

werden die Vorsorgehäkchen eingesetzt, um in ihrer additiven Kombination die qualitative Inhaltsfülle und die Relevanz der Versicherungsleistungen darzustellen.[37]

4.5 Vorsorgefiguren

Nachdem in den vorangegangenen Kapiteln vor allem die wissenspolitischen Strategien der *Ver(un)sicherung* herausgearbeitet wurden, gilt es nunmehr das Augenmerk auf die vermittelten Subjektpositionen der Versicherungskommunikation zu richten. Wie bereits eingangs erläutert, handelt es sich hierbei um spezifische Anrufungsangebote, die – oftmals positiv konnotiert – zum Erwerb eines Versicherungsprodukts anregen sollen. Insbesondere im Werbekontext wird dabei häufig auf stereotyphafte Vorstellungsbilder zurückgegriffen (vgl. Janich 2019). Auch im ausgewerteten Datenmaterial kommt diesem Sachverhalt eine große Bedeutung zu. Die Versicherungskommunikation greift hierbei auf einen spezifischen Fundus an gesellschaftlich verbreiteten Typvorstellungen zurück und bindet diese in ihre Verkaufsargumentation ein. Dies trägt zur Konstruktion bestimmter Vorsorgefiguren und -figurierungen bei, die in einer umfassenden Weise die Struktur der Versicherungsseiten prägen. Die in dem ausgewerteten Datenmaterial herausgearbeiteten Typvorstellungen lassen sich als „ökonomische Inklusionsfiguren" (Stäheli 2007: 74) charakterisieren. Sie stellen „Rollen- und Identitätsangebote" (Ege/Wietschorke 2014: 27) dar, die in Versicherungsplots eingebettet sind und bestimmte Handlungsmuster vermitteln. Es sind somit visuell-narrative Vorlagen, die auf eine „handlungsentlaste[nde]" (ebd.: 17) Funktion abzielen. Dabei handelt es sich um gesellschaftlich verbreitete Rollenmuster, die allerdings nicht als reine Klischees falsch verstanden werden dürfen.

Nach Ege und Wietschorke basieren Figurenvorstellungen auf einem vielschichtigen Etikettierungs- und Aneignungsvorgang. Dieser vollzieht sich sowohl auf der medialen Ebene – durch vermittelte Bilder und Narrative – als auch in Form von Praktiken und Handlungen. Aus diesem Grunde lassen sich Figuren nicht lediglich als wirklichkeitsferne Klischees charakterisieren. Vielmehr prägen sie die individuelle Verortung des

37 Vgl. exemplarisch ERGO: Produktseite zur „ERGO Sofort-Rente". URL: https://www.ergo.de/de/Produkte/Rentenversicherung/Sofort-Rente (Stand: 20. 1. 2020); Versicherungskammer Bayern: Produktseite zur Rürup-Rente. URL: https://www.vkb.de/content/versicherungen/rente/gefoerderte-rente/ruerup-rente/ (Stand: 20. 1. 2020); Alte Leipziger Versicherung: Übersichtsseite zur Rentenversicherungsrubrik. URL: https://www.alte-leipziger.de/privatkunden/private-vorsorge/private-rentenversicherung (Stand: 20. 1. 2020).

Selbsts sowie die Wahrnehmung der sozialen Wirklichkeit und tragen gerade dadurch zu deren Konstitution bei (vgl. ebd.: 31–35).[38]

In den folgenden Unterkapiteln werden die dominierenden „Modellsubjekte" (Keller 2013: 40) der Versicherungskommunikation herausgearbeitet. Die thematisierten Vorsorgefigurierungen sind dabei wiederum in ein visuell-narratives Gefüge eingebettet, da die einzelnen Inklusionstypen sowohl sprachlich angerufen als auch bildlich illustriert werden. Darüber hinaus manifestieren sich die aufgegriffenen Figurenkonstellationen nicht in einem kontextlosen Zusammenhang. Vielmehr verweisen sie auf gegenwärtige gesellschaftliche Entwicklungslinien und Deutungsmuster, deren Erörterung einen weiteren Baustein der folgenden Seiten darstellen wird.

4.5.1 Das verantwortungsbewusste Elternteil

Auf den ausgewerteten Versicherungsseiten stellt die Familie die bedeutendste Vorsorgefiguration dar. Als universeller Bezugspunkt wird auf sie in den unterschiedlichsten Produktkontexten rekurriert. In visueller Hinsicht setzt sich die Figuration dabei aus Vater, Mutter und einem bzw. maximal zwei Kindern zusammen. In den Versicherungsmedien wird also primär die klassische Vorstellung einer Kleinfamilie angerufen. Dies spiegelt sich auch in den jeweiligen Bildkulissen wider, die auf die typischen damit verbundenen Repräsentationen des trauten Heims und kollektiven Wohlfühlsettings aufbauen (siehe hierzu Kapitel 4.1).

Es sind diese typischen Bildkonstellationen, die den Ausgangspunkt und die Bühne für die daran anknüpfende Repräsentation der Vorsorgefigur des *verantwortungsbewussten Elternteils* bilden. Hiermit ist in erster Linie eine Subjektposition gemeint, die das hauptverdienende Familienmitglied adressiert. Zwar handelt es sich dabei nicht um eine geschlechtsdeterminierte Vorsorgefigur, dennoch wird in erster Linie der Familienvater in den ausgewerteten Versicherungsmedien angesprochen.

Wie aus der Namensgebung bereits hervorgeht, zielt die Vorsorgefigur des *verantwortungsbewussten Elternteils* auf die Verantwortungsaktivierung bei den Adressat*innen ab. Die Imagination von negativen Zukunftsereignissen verbindet sich hierbei mit Fürsorgenarrativen, die zum Handeln – dem Versicherungserwerb – auffordern. Am eindrücklichsten kommt das *verantwortungsbewusste Elternteil* bei der Risikolebenskommunikation zum Vorschein, dessen grundlegende Struktur aus dem nachstehenden Beispiel abgeleitet werden kann.

38 Mit Blick auf die Wissenssoziologische Diskursanalyse verbindet der Figurierungsprozess somit die diskursive Konstruktion von „Subjektpositionen" mit den – oftmals konfliktär – darauf aufbauenden tatsächlichen „Subjektivierungsweisen" (Keller 2013: 33).

„Auch wenn niemand gerne an das Schlimmste denkt, sollte man sich rechtzeitig um die optimale Absicherung seiner Lieben kümmern. Nur so lässt sich vermeiden, dass Angehörige nach einem Todesfall in finanzielle Nöte geraten. Die gesetzliche Hinterbliebenenrente ist oft nicht ausreichend, um die wirtschaftliche Existenz der Familie zu sichern. Deshalb ist der Abschluss einer privaten Risikolebensversicherung unverzichtbar."[39]

Es handelt sich hierbei um ein typisches Argumentationsmuster, das in relativ homogener Weise auf allen ausgewerteten Versicherungsseiten anzutreffen ist. Die Zukunftsvorstellung des plötzlichen Todes eines Familienteils wird antizipiert und auf die „drastisch[en]"[40] Konsequenzen des daraus resultierenden „finanzielle[n] Desaster[s]"[41] verwiesen. Aufgrund der Vorsorgelücke im Zuge der geringen gesetzlichen Hinterbliebenenvorsorge, gelte es „rechtzeitig"[42] zu reagieren. Ein Versicherungsabschluss sei deshalb „unverzichtbar"[43], damit die Hinterbliebenen „im Ernstfall in eine finanziell gesicherte Zukunft blicken können."[44]
Argumentativ fußt die Anrufung der Vorsorgefigur des *verantwortungsbewussten Elternteils* auf einer imperativen Logik. Angesichts des Zukunftsrisikos sollen die angesprochenen Subjekte aktiv die Absicherung der Familie sicherstellen. Wie auch in anderen Kontexten der Versicherungskommunikation, handelt es sich somit wiederum um eine Ansprache, die an moralische Vorstellungen anknüpft. Das moralisch Richtige wird zur Richtschnur für die Versicherungsentscheidung und hilft dabei als fürsorgendes Subjekt in Erscheinung zu treten, denn „wer rechtzeitig mit einer Risikolebensversicherung vorsorgt, zeigt Verantwortung für seine Hinterbliebenen."[45]
Um die Vorsorgefigur des *verantwortungsbewussten Elternteils* zu skizzieren, greifen mehrere Versicherer auf narrative Vorlagen zurück, wie das folgende Beispiel veranschaulicht.

39 AXA: Produktseite zur Risikolebensversicherung. URL: https://www.axa.de/risikolebensversicherung (Stand: 20. 1. 2020).

40 Zürich Versicherung: Produktseite zur Risikolebensversicherung. URL: https://www.zurich.de/de-de/privatkunden/vorsorge-und-vermoegen/hinterbliebenenabsicherung/risikoleben-komfort (Stand: 20. 1. 2020).

41 Debeka: Produktseite zur Risikolebensversicherung. URL: https://www.debeka.de/produkte/versichern/lebens_rentenversich/risiko_lebensversich/details/index.html (Stand: 20. 1. 2020).

42 Zürich Versicherung: Produktseite zur Risikolebensversicherung (siehe Anmerkung 40).

43 Versicherungskammer Bayern: Produktseite zur Risikolebensversicherung. URL: https://www.vkb.de/content/versicherungen/leben/risikolebensversicherung/ (Stand: 20. 1. 2020).

44 Zürich Versicherung: Produktseite zur Risikolebensversicherung (siehe Anmerkung 40).

45 Allianz: Produktseite zur Risikolebensversicherung. URL: https://www.allianz.de/vorsorge/risikolebensversicherung/ (Stand: 20. 1. 2020).

„Einem verantwortungsvollen 45-jährigen Familienvater aus dem Süden von Deutschland liegt viel daran, dass seine Familie am vertrauten Lebensstandard festhalten kann, falls ihm etwas zustößt und sein jährliches Bruttogehalt von 40.000 Euro plötzlich wegfällt. Eine sinnvolle Absicherung sieht er deshalb in der RisikoLebensversicherung Plus der Allianz."[46]

Aus solchen Vorlagen wird in prägnanter Weise die Relevanz von Vorsorgefiguren in der Versicherungskommunikation deutlich. Diese werden mithilfe von Beispielszenarien in Szene gesetzt, die vermeintlich richtiges und verantwortungsbewusstes Handeln illustrieren und zur Identifizierung einladen. Den angesprochenen Adressat*innen werden dadurch Handlungsschablonen zur Verfügung gestellt, die Orientierung angesichts der Ungewissheit der Zukunft stiften und angemessene Absicherungsmaßnahmen vorführen.
Die Konstruktion der Vorsorgefigur des *verantwortungsbewussten Elternteils* erfolgt zudem auch auf einer bildhaften Ebene. Mit Blick auf die Versicherungsseiten zur Risikolebensversicherung dominiert vor allem ein bestimmtes Motiv. Dieses findet auf fast allen Internetseiten der Versicherer Verwendung. Es handelt sich um ein kanonisches Bild, dessen umfassende serielle Verbreitung ein weiteres Indiz für die stark aufeinander bezogene Homogenität der Versicherungskommunikation liefert. Das Motiv stellt dabei sehr häufig das Startbild der Risikolebensseiten dar. Es ist somit der erste Bezugspunkt, der sich den Betrachter*innen bietet und definiert dadurch den Handlungsrahmen der nachfolgenden Seiteninhalte.
In deren Bildstruktur wird vor allem die Abhängigkeit der Kinder in Szene gesetzt. Das entsprechende Elternteil fungiert dabei als Halt und Stütze für die Kinder, die sich entweder in den Armen oder auf dem Rücken derselbigen befinden. Vordergründig transportieren die Motive die Assoziation der Geborgenheit und des allgemeinen Familienglücks. Gleichzeitig sind sie aber auch Versinnbildlichungen der verantwortungsvollen Position, die das entsprechende Elternteil innehat.
In dem Einstiegsmotiv der Allianz Risikolebensversicherungsseite (vgl. Abbildung 19) ist beispielsweise lediglich der Arm eines männlichen Akteurs sichtbar, der in fürsorglicher Art und Weise ein Kleinkind hält. Der Bildausschnitt ist so gewählt, dass der Grund und die Distanz über dem Boden nicht ersichtlich werden. Der Vater scheint die Situation unter Kontrolle zu haben und das Kind dünkt von seiner emporgehobenen Stellung nicht beunruhigt. Es schläft friedlich in seinem Arm. Das Bild kann als eine visuelle Metapher für die Verantwortungsfunktion des Vaters gedeutet werden. Das Wohlbefinden des schutzbedürftigen Kleinkindes liegt in seiner Hand – oder zutreffender: auf seinem Arm. Würde die verantwortungsvolle Position des Vaters plötzlich verschwinden, so würde das Kind schutzlos gen Boden stürzen.

46 Ebd.

Abbildung 19: Visualisierung des verantwortungsbewussten Elternteils (Einstiegsmotiv auf der Produktseite zur Risikolebensversicherung der Allianz)

Im letzten Kapitel ist uns bereits die hier allgemein angewendete Sturzmetaphorik begegnet. Gerade in Bezug auf die Vorsorgefigur des *verantwortungsbewussten Elternteils* kommt sie massiv zur Anwendung. Wie dargelegt, verweist die Sturzmetaphorik immer auch auf die jeweilige Versicherung. Im Fall der Fälle wäre die Versicherung an Ort und Stelle und würde für ein finanzielles Auffangen der bedrohten Familienmitglieder Sorge leisten. Die Versicherungsleistung übernehme im Zuge dessen die Funktion des verschiedenen Elternteils und sorge im weiteren Verlauf für eine allumfassende Hinterbliebenenabsicherung. In manchen Versicherungsmedien wird dabei die – mit der Sturzmetaphorik korrespondierende – Stütz- und Haltmetaphorik direkt aufgegriffen und visuell der Versicherungsleistung zugeschrieben. Dies ist unter anderem im Erklärvideo der SV SparkassenVersicherung der Fall.[47] Als visuelle Metapher für den Versicherungsschutz dienen in diesem Beispiel zwei Hände, die nach Erwerb der Versicherung, schützend jeweils Familie und Eigenheim umfassen. Der dargestellte Vater erscheint glücklich, denn er weiß seine Familie fortan in sicheren Händen – entweder in seinen oder in denen der Versicherung.

4.5.2 Die Neuen Alten

Bei den Zukunftsimaginationen im Versicherungskontext spielen Altersbilder eine wichtige Rolle. Gerade in Bezug auf Altersvorsorgeprodukte finden sie eine breite Verwendung. Die Adressat*innen gehören dabei vor allem jüngeren Generationen an. Es werden also weniger ältere Personen direkt angesprochen, sondern jungen Menschen werden Subjektpositionen zukünftiger Alterszustände vermittelt. In paradigmatischer

47 Vgl. SV SparkassenVersicherung: Die SV Risikoversicherung, 00:00:48–00:02:00 (siehe Anmerkung 15).

Weise kommt hierbei der Vorsorgefigurierung der *Neuen Alten* die größte Relevanz zu. Generell sind Altersvorstellungen nie etwas objektiv Gegebenes, sondern immer sozial konstruiert. Sie basieren auf zeitabhängigen gesellschaftlichen Zuschreibungen und Stereotypvorstellungen, welche die Sicht auf das Alter sowie die darauf basierenden Subjektivierungsweisen beeinflussen (vgl. Götz/Rau 2017: 9). Die Vorsorgefigur der *Neuen Alten* baut in diesem Sinne auf gegenwärtigen Vorstellungen des guten und vitalen Alterns auf, das sich mit dem Leitmotiv des „active ageing" (Lessenich 2008: 114) umschreiben lässt.

Die ausgewerteten Versicherungsseiten greifen vielfältige Imaginationen des Rentendaseins auf. Dabei steht vor allem der Freizeitaspekt im Vordergrund. In den meisten Darstellungen werden deshalb dezidiert Außenaktivitäten repräsentiert. Die abgebildeten Personen suchen die Nähe zur Natur[48], sie gehen auf Reisen und treiben Sport[49]. Die Vorsorgefigur der Neuen Alten verweist demgemäß auf Aktivität und Tatendrang und positioniert sich als Kontrastimagination gegenüber defizitären Altersvorstellungen. Sie stellt die Versinnbildlichung der Aufrechterhaltung des „korporalen Kapitals" (Schroeter 2009: 165) im Alter dar. Aspekte des Nicht-mehr-Könnens werden genauso von ihr negiert, wie Vorstellungen von der einsamen Isolation des letzten Lebensabschnitts. Generell suggerieren die Darstellungen der *Neuen Alten* ein Verschwinden beziehungsweise Verwässern der Generationenunterschiede. In den Versicherungsbildern erscheinen sie genauso agil wie jüngere Personengruppen. Auch in puncto Freizeit- und Kommunikationsverhalten stehen sie ihnen in nichts nach, so der Eindruck. In deutlicher Weise wird dies in einem Bildbeispiel auf der Website der SV Sparkassen-Versicherung widergespiegelt (vgl. Abbildung 20). Die Darstellung ist auf der Startseite der Altersvorsorgerubrik des Versicherers abgebildet. Es handelt sich hierbei um ein Hintergrundmotiv, welches die Grundlage für einen roten Grafikkasten bildet. In dem Bild sind zwei räumlich versetzte Personen ersichtlich, die in der Natur joggen. Im Vordergrund läuft eine junge Frau, die leicht verschwommen abgebildet und teilweise von dem Grafikkasten überdeckt wird. Der dahinter versetzte ältere Läufer rückt dadurch in den Bildfokus. Der Mann im Rentenalter wirkt fokussiert. In seiner rechten Hand fixiert er ein Smartphone, welches ihn mit Musik für den Lauf versorgt. Das Bildarrangement ist so in Szene gesetzt, dass beide Läufer*innen aktiv und sportlich erscheinen. In der Botschaft des Grafikkastens wird an diesen Sachverhalt sprachlich angeknüpft:

48 Vgl. Allianz: Einstiegsmotiv auf der Produktseite zur privaten Rentenversicherung. URL: https://www.allianz.de/vorsorge/private-rentenversicherung/ (Stand: 20.01.2020); Nürnberger Versicherung: Motiv auf der Produktseite zur klassischen Rentenversicherung. URL: https://www.nuernberger.de/rentenversicherung/klassische-rentenversicherung/ (Stand: 20.1.2020).

49 Vgl. R+V Versicherung: Einstiegsmotiv auf der Übersichtsseite zur Rentenversicherungsrubrik. URL: https://www.ruv.de/privatkunden/altersvorsorge (Stand: 20.1.2020).

*Abbildung 20: Zwei Jogger*innen in Aktion (Einstiegsmotiv der Altersvorsorgerubrik der SV SparkassenVersicherung)*

„Damit das Leben nicht stillsteht, wenn's in den Ruhestand geht. Sicher vorsorgen mit der Altersvorsorge der SV."

Nicht nur in diesem Beispiel der SV SparkassenVersicherung, sondern auch anderorts verweisen die vermittelten Zukunftsimaginationen auf Vitalität und Bewegung im Alter. Das Rentendasein erscheint demgemäß nicht als eine spezifische Lebensphase mit eigenen Rollen- und Verhaltensmustern. Vielmehr werden Aspekte gegenwärtiger Jugendlichkeit in die Zukunft projiziert und als erstrebenswerte Subjektpositionen angeboten. Die Motive der Versicherungsmedien rekurrieren dabei auf einen gesellschaftlich verankerten Prozess der „Juvenilisierung" (Reckwitz 2018 [2017]: 337), bei dem die Beibehaltung von Jugendlichkeit als wichtiges Alterungskriterium verstärkt in den Vordergrund rückt. Der Ruhestand ist deshalb eher negativ konnotiert, da er Trägheit und Stagnation suggeriert. Als Gegenposition hierzu hat sich ein neoliberaler Aktivitätsimperativ etabliert, der mit Blick auf aktuelle Altersimaginationen eine normative Wirkung entfaltet.

„Aktives Alter wird zur sozialen Norm, Aktivität wird für Alte wie insbesondere auch (noch) Nicht-Alte zum normalen, normalisierten Bild der altersadäquaten – genauer: dem hohen Alter wie eben jedem anderen Lebensalter auch angemessenen – Lebensführung. ‚Aktivierung' wird in diesem Sinne zum universellen Lebensführungskonzept und umfassenden Lebenslaufprogramm" (Lessenich 2008: 116).

Die Vorsorgefigurierung der *Neuen Alten* kann als das paradigmatische Sinnbild für diesen normativen Alters- und Alterungsbezug gelten. In den hierauf basierenden Imaginationen müssen diese im Ruhestand nicht kürzertreten, sondern sie können (und

sollen) mit jüngeren Generationen Schritt halten und die Fülle des Lebens weiterhin aktiv auskosten.
In einer überzeichneten Weise kommt dieser Sachverhalt auch in einem Werbespot der ERGO zum Vorschein.[50] Die Handlung des einminütigen Spots folgt einem jungen circa 30-jährigen männlichen Protagonisten, der sich in einem Großstadtumfeld bewegt. Zu Beginn scheint es sich um eine ganz normale Alltagssituation zu handeln. Dies ändert sich, denn im Verlauf der Handlung trifft der Mann ausschließlich auf ältere Personen, die überaus vitalen und jugendlichen Aktivitäten nachgehen. Sie nutzen die neuesten Kommunikationsmittel, messen sich auf der Skateboardrampe und führen ein Sprayerdasein. Die Begebenheiten erscheinen unfreiwillig komisch, da es sich in keinster Weise um Verhaltensweisen handelt, die allgemein älteren Personen zugeschrieben werden. Ihre Gestik und ihr Verhalten verweisen vielmehr auf einen jugendkulturellen Lebensstil, den diese *Neuen Alten* exzessiv ausleben. Auf der abschließenden Party setzt sich dies fort. Wiederum erscheint der Protagonist zunächst als einziger jüngerer Gast inmitten tanzbegeisterter älterer Damen und Herren, die selbst den Sprung in den Swimmingpool nicht auslassen. Nachdem der Mann einen Wangenkuss von einer scheinbar interessierten älteren Dame empfängt, lichtet sich die Szenerie auf. Die ihm zugeneigte Person entpuppt sich als attraktive jüngere Frau und auch die weiteren Partygäste haben sich in junge feiernde Menschen verwandelt. Es wird klar, dass es sich bei der Alterscharakteristik der Akteur*innen den ganzen Tag über um eine Imagination des Protagonisten gehandelt hat. Diese scheint auf dem Wunsch aufgebaut zu haben, dass auch zukünftig die gewohnte Lebensaktivität beibehalten werden könnte. Die Leichtigkeit und Lebensfreude sollen erhalten bleiben, Vitalität und Tatendrang nach wie vor ausgelebt werden.
Es ist interessant, was in dem ERGO Werbespot deshalb als erstrebenswerter Lebensvollzug imaginiert wird. Alle Akteur*innen agieren in sehr affektgeladener Manier und scheinen das Leben voll auskosten zu wollen. Ihre dargebotenen Aktivitäten zielen dabei vor allem auf einen authentischen Ausdruck der eigenen Persönlichkeit ab. In Bezug auf den Soziologen Andreas Reckwitz zeigt sich bei dieser überzeichneten Zukunftsimagination die „Logik des Besonderen“ (Reckwitz 2018 [2017]: 10), bei der die Aneignung von einzigartigen und außergewöhnlichen Erlebnissen in den Vordergrund rückt. Sie geht mit einer generellen Aufwertung des Singulär-Authentischen einher und mündet in dem allgegenwärtigen Postulat der „erfolgreichen Selbstverwirklichung“ (ebd.: 285). Die Relevanz dieses Subjektivierungskonzepts lässt sich in den hier ausgewerteten Versicherungsbildern allgemein nachweisen. Besonders deutlich

50 Vgl. ERGO: „Old World“. Werbespot zur Altersvorsorge. URL: https://www.youtube.com/watch?v=UJw-PQ6L77I (Stand: 20.1.2020).

kommt sie bei den Vorsorgefiguren der *Generation Mehr* zum Vorschein, die im nun anknüpfenden Kapitel erörtert werden sollen.

4.5.3 Die Generation Mehr

Neben den bisherigen behandelten Subjektpositionen lässt sich in den Versicherungsmedien eine weitere ausmachen, die sich in erster Linie an eine junge Zielgruppe wendet. Anders als beispielsweise beim *verantwortungsbewussten Elternteil*, werden diese vor allem in ihrer Ungebundenheit und Individualität angesprochen. Familiennarrative und -visualisierungen spielen keine Rolle. Das prägnanteste Beispiel für die Figurierung der *Generation Mehr* zeigt sich mit Blick auf die Inszenierung des Allianz Versicherungsprodukts „FOURMORE". Es handelt sich hierbei um ein eigenständiges Rentenversicherungsprodukt, bei dem dezidiert junge potenzielle Versicherungskund*innen angesprochen werden. „FOURMORE" ist generell die einzige Versicherungsleistung der Allianz, die explizit als ein „Zukunftsprodukt"[51] beworben wird. Der Name bezieht sich dabei auf vier Produktfacetten, die zusammengenommen und ins Deutsche übersetzt, „für mehr" stehen. Was die Ansprache anbelangt, so dominieren affektgeladene Semantiken, die sich direkt an die Adressat*innen wenden. Anders als auf den weiteren Versicherungsseiten wird bei der pronominalen Anrede auf das formale *Sie* verzichtet und ein persönlicheres *Du* verwendet. Dies korrespondiert mit einer jugendfokussierten Vermittlung der Webseiteninhalte. Bei den Akteur*innen auf den Bildern handelt es sich ausschließlich um junge Personen, die in Freizeit- und Großstadtsettings eingebettet sind. Der Erlebnisaspekt steht dabei klar im Vordergrund. Zusammengenommen mit den dazugehörigen Beschreibungen bilden sie einen narrativ-visuellen Aussagekomplex, in dessen Zentrum die Imagination von fortwährender Lebensaktivität steht. Die angebotenen Subjektpositionen verweisen in vielfältiger Hinsicht auf die von Reckwitz ausgemachte „Gesellschaft der Singularitäten" (2017). Flexibilität, Erlebnisfülle, Sicherheitsdenken und Freiheitsstreben – all dies sind Komponenten, die gerade in den Schilderungen der vier Mehrwertsebenen zum Vorschein kommen: „Wann du willst. Wie du willst. Dein Leben ist dynamisch: Du bleibst, wenn es passt, und ziehst weiter, wenn du willst"[52] (Mehr Freiheit). „Alles im Blick. Alles im Griff. Deine Ziele klar vor Augen, gehst Du entspannt durchs Leben"[53] (Mehr Klarheit). „Sorglos steht dir gut. Wer etwas wagt, braucht Vertrauen. Hab Vertrauen in

51 Allianz: „FOURMORE"-Startseite. URL: https://www.fourmore.de/ (Stand: 20. 1. 2020).

52 Allianz: Mehr Freiheit. Produktseite zu „FOURMORE". URL: https://www.fourmore.de/vorteile.html#freiheit (Stand: 20. 1. 2020).

53 Allianz: Mehr Klarheit. Produktseite zu „FOURMORE". URL: https://www.fourmore.de/vorteile.html#klarheit (Stand: 20. 1. 2020).

Deine Zukunft“[54] (Mehr Sicherheit). „Weil du grosses ernten willst. Einfach mehr erreichen“[55] (Mehr Wachstum). Die Logik des Besonderen und das damit einhergehende Postulat der erfolgreichen Selbstverwirklichung kommen bei diesen Semantiken klar zum Vorschein. Es gilt die Fülle des Lebens auszuschöpfen, selbstbewusst und affektiv eine Maximierung der eigenen Zukunftschancen anzustreben. Der hier vermittelte Zukunftsentwurf weist dabei durchaus ambivalente Züge auf. Freiheitsstreben und Erlebnislust treffen auf das Bedürfnis nach Sicherheit und Anerkennung. Dies deckt sich mit Reckwitzs Beschreibung des singularistischen Lebenskonzepts bei dem „zwei zunächst antipodische kulturelle Muster eine Synthese eingehen: der Lebensstil der Romantik und jener der Bürgerlichkeit“ (ebd.: 285 f.). In historischer Hinsicht hätten sich beide Lebensstilarten nahezu ausgeschlossen. Die experimentelle Entfaltung des Selbst stand im Kontrast zum Streben nach bürgerlichem Ansehen und Status (vgl. ebd.: 288). In der heutigen Zeit würden sich beide Lebensentwürfe nun allerdings miteinander verbinden. „Sich selbst entfalten und sozial anerkannt und erfolgreich sein“ (ebd.: 289) – sei nunmehr die Devise. Bei den Zukunftsimaginationen auf der „FOURMORE“-Versicherungsseite ist dieser Sachverhalt allgegenwärtig. Sie transportieren eine ambitionierte Subjektposition, die Individualität feiert und auf die erfolgreiche Selbstverwirklichung abzielt.

Es ist durchaus bemerkenswert, dass sich die Figurierungsprozesse der *Generation Mehr* und der *Neuen Alten* in ähnlicher Weise vollziehen. So spielen Reise- und Freizeitmotive bei beiden eine gewichtige Rolle. Zudem wird vor allem dem Aspekt der Flexibilität eine große Relevanz zugeschrieben. Der im vorangegangenen Kapitel thematisierte ERGO Werbespot schließt beispielsweise mit der Botschaft: „Damit Sie später so flexibel sind wie heute. Die neuen Altersvorsorgeprodukte der ERGO passen sich Ihrem Leben an.“[56] Auch in Bezug auf die *Generation Mehr* ist der Verweis auf die Anpassungsfähigkeit der Vorsorgeprodukte zentral. Dies zeigt sich unter anderem bei der Relax Rente der AXA Versicherung.

„Eine Vorsorge, so flexibel wie ich. Ganz gleich was im Leben passiert: Relax Rente von AXA. Das Leben ist nicht planbar. Gerade bei langfristigen Engagements wie einer Vorsorgelösung ist es daher besonders wichtig, auf Veränderungen reagieren zu können. Weil man nie weiß, was im Lauf von Jahren und Jahrzehnten alles passieren kann, hat AXA die

54 Allianz: Mehr Sicherheit. Produktseite zu „FOURMORE“. URL: https://www.fourmore.de/vorteile.html#sicherheit (Stand: 20. 1. 2020).

55 Allianz: Mehr Wachstum. Produktseite zu „FOURMORE“. URL: https://www.fourmore.de/vorteile.html#wachstum (Stand: 20. 1. 2020).

56 ERGO: „Old World“, 00:00:48–00:00:53 (siehe Anmerkung 50).

Relax Rente entwickelt. Die Altersvorsorge passt sich Ihren Bedürfnissen jederzeit ganz flexibel an."[57]

Auch an vielen weiteren Stellen in den ausgewerteten Versicherungsseiten nimmt der Aspekt der Flexibilität die Gestalt eines regelrechten Zukunftskonzepts an. Wer flexibel ist bleibt beweglich und braucht die Zukunft nicht zu fürchten. Flexibilität wirkt deshalb immer auch futurisierend, denn sie erhält und erweitert den Möglichkeitsspielraum und sichert die eigene Unabhängigkeit. In diesem Sinne lässt sie sich als eine präventive Zukunftsstrategie charakterisieren. Sie wirkt immunisierend, denn damit ist man weniger anfällig für noch nicht absehbare Entwicklungen (vgl. Bröckling 2017: 98–101). Flexibilität sichert und erweitert somit die eigene „Zukunftsfähigkeit" (Brandstetter/Peters/van Eikels 2009: 09). Egal was die Zukunft bereithält, wer sich damit auszeichnet wird (vermeintlich) immer in der Lage sein, sich daran anzupassen.

4.5.4 Die Bodenständigen

Nachdem die bisher behandelten Subjektpositionen vor allem auf einen spezifischen Alters- und Familienbezug abzielten, verweisen die nun folgenden in erster Linie auf eine unterschiedliche Risikoorientierung der Adressat*innen. Die Altersvorsorgeprodukte der Versicherungsunternehmen sind so organisiert, dass je nach subjektivem Risikoverhalten unterschiedliche Vorsorgepolicen angeboten werden. Viele Versicherungsprodukte unterscheiden sich dabei hinsichtlich ihrer Anlagestruktur. Bei manchen steht die Sicherheit der finanziellen Einlagen im Vordergrund. Andere wiederum weisen einen stärkeren Fokus auf Aktienanlagen auf, die eine höhere Rendite versprechen, gleichzeitig aber auch mit einem größeren Anlagerisiko einhergehen. Je nach Anlageform werden auch unterschiedliche Identifizierungsangebote vermittelt.
An dieser Stelle soll deshalb zunächst die Vorsorgefigurierung der Bodenständigen thematisiert werden. Sie richtet sich dezidiert an sicherheitsorientierte Versicherungsnehmer*innen, denen vor allem der Erhalt ihrer finanziellen Einlagen wichtig ist. Schon allein die Namensgebung der hierzu gehörigen Versicherungspolicen lassen auf sicherheitsbasierte Anlageansätze schließen. Produktnamen wie „BasisRente"[58], „Sofort Renteclassic"[59] und „KlassikClever"[60] vermitteln den Eindruck, dass es sich hierbei um

57 AXA: Produktseite zur „Relax Rente". URL: https://www.axa.de/relax-rente (Stand: 20. 1. 2020).

58 R+V Versicherung: Produktseite zur „Basis-Rente". URL: https://www.ruv.de/privatkunden/altersvorsorge/basis-rente-ruerup (Stand: 20. 1. 2020).

59 Zürich Versicherung: Produktseite zur „Sofort-Renteclassic". URL: https://www.zurich.de/de-de/privatkunden/vorsorge-und-vermoegen/private-altersvorsorge/sofort-renteclassic-select (Stand: 20. 1. 2020).

60 Württembergische Versicherung: Produktseite zu „KlassikClever". URL: https://www.wuerttembergische.de/de/produkte_privatkunden/altersvorsorge_und_familie/privatrente_extra/privatrente

konventionelle und bewährte Vorsorgeanlagen handelt. Dies wird in den dazugehörigen Produktbeschreibungen untermauert, wie sich am Beispiel der Württembergischen Versicherung veranschaulichen lässt.

„Entspannt und abgesichert. Neu gestaltet, altbewährt: PrivatRente KlassikClever. Mit KlassikClever entscheiden Sie sich für eine sichere Altersvorsorge. Ihr Geld wird ausschließlich im Sicherungsvermögen der Württembergischen Lebensversicherung AG angelegt. KlassikClever eignet sich besonders für sicherheitsbewusste Vorsorgesparer, die auf klassische und bewährte Anlagen setzen. KlassikClever ist ein transparentes und leicht verständliches Produkt für ihre Altersvorsorge."[61]

In den entsprechenden Produktbeschreibungen werden sicherheitsfokussierte Anleger*innen direkt angerufen und dazu eingeladen sich mit dieser konventionellen Anlageform zu identifizieren. Diese wären „[g]enau das Richtige für alle, die bei ihrer Altersvorsorge in erster Linie sehr sicherheitsorientiert denken".[62] Wie das obige Beispiel der Württembergischen Versicherung zeigt, kommt der Bescheinigung von Transparenz und Verständlichkeit des Produkts eine erhöhte Relevanz zu. Aus diesem Grunde scheint die Vorsorgefigurierung der *Bodenständigen* vor allem auf Adressat*innen mit einer geringeren Finanzkompetenz abzuzielen. An die damit verbundene Skepsis gegenüber den Finanzmärkten wird teilweise direkt angeknüpft, um den Produktvorzug zu unterstreichen. „Im Alter zuverlässig abgesichert – garantiert zu jedem Zeitpunkt. Mit der PrivatRente bauen Sie schon heute eine lebenslange Zusatzrente auf – unabhängig von der Kapitalmarktentwicklung."[63] Auf die klassischen Vorsorgeprodukte könne man sich also verlassen, da sie – losgelöst von dem Spekulationsgeschehen auf den Finanzmärkten – für einen garantierten Mehrwert stehen, so die Botschaft auf den Versicherungsseiten.

4.5.5 Die Chancenorientierten

Neben den klassischen Rentenversicherungsprodukten setzt die Branche in jüngster Zeit verstärkt auf fondsbasierte Versicherungsanlagen. Einer der Hauptgründe hierfür stellt das allgegenwärtige Niedrigzinsumfeld dar, welches die Renditeerträge herkömmlicher Versicherungsanlagen beeinträchtigt. Für die Lebensversicherungen bieten sich deshalb Finanzmarktanlagen an, da die Versicherungsrendite hier primär auf

-KlassikClever.html (Stand: 20. 1. 2020).

61 Ebd.

62 Nürnberger Versicherung: Produktseite zur klassischen Rentenversicherung (siehe Anmerkung 48).

63 R+V Versicherung: Produktseite zur „PrivatRente". URL: https://www.ruv.de/privatkunden/altersvorsorge/privat-rente (Stand: 20. 1. 2020).

Aktiengeschäften basiert. Nun birgt allerdings jegliche Aktienspekulation ein finanzielles Risiko, denn die Zukunft ist und bleibt kontingent. Jede gegenwärtig attraktiv erscheinende Investition kann sich zukünftig als Fehlinvestition erweisen. Der Chance auf eine hohe Rendite steht somit das Risiko des Wertverlusts der eigenen Rentenvorsorge entgegen. Aufgrund dieses grundlegenden Unterschieds zielen die hier vermittelten Subjektanrufungen auf einen anderen Vorsorgetyp ab. Während die Subjektposition der *Bodenständigen* auf dem Zukunftskonzept der Sicherheit basiert, rückt bei den *Chancenorientierten* nunmehr die Zukunftsoption der Chance in den Vordergrund. Es handelt sich hierbei um eine Vorsorgefigurierung, die sich an risikobereite Anleger*innen wendet, die angesichts einer gewinnträchtigen zukünftigen Rendite willig sind, potenzielle Verlustentwicklungen in Kauf zu nehmen. Eine beispielhafte Subjektanrufung stellt unter anderem nachfolgende Kundenansprache der Barmenia dar. „Investieren Sie in Ihre Zukunft. Wenn attraktive Renditechancen des Kapitalmarktes locken, wollen manche ihre Möglichkeiten ausloten – auch wenn das gewisse Risiken mit sich bringt. Sind Sie der Typ für diese Art von Anlagen?“[64] Die chancenreichen Finanzmarktgeschäfte werden als eine Verlockung geschildert, die für diejenigen die sich trauen – den Mutigen also – beachtenswerte Ertragssteigerungen in Aussicht stellen. Anders als bei den klassischen Rentenprodukten kommt dabei in semantischer Hinsicht dem Aspekt der Investition und der Leistung eine größere Relevanz zu. Wiederum sprechen die jeweiligen Produktnamen für sich: „VermögensPolice Invest“[65], „ERGO Rente Chance“[66], „PrivatRente Performance“[67], „Genius PrivatRente“[68]. Es ist deshalb auch gerade der Aktivitätsgrad, der die Anrufungen der beiden hier behandelten Subjektpositionen unterscheidet. Während sie sich bei den *Bodenständigen* durch die Betonung von Passivität und Sicherheit auszeichnen, wird in Bezug auf die *Chancenorientierten* ein aktives Investitionsmanagement hervorgehoben. Dies zeigt sich zudem mit Blick auf die jeweiligen Bildkontextualisierungen. Die Namensgebung der Vorsorgefiguren macht es bereits deutlich: An einigen Stellen auf den Versicherungsseiten

64 Barmenia: Produktseite zu „PrivatRente Invest“. URL: https://www.barmenia.de/de/produkte/alters-und-risikovorsorge/rentenversicherung/privatrente_invest.xhtml (Stand: 20. 1. 2020).

65 SV SparkassenVersicherung: Produktseite zur „VermögensPolice Invest“. URL: https://www.sparkassenversicherung.de/content/privatkunden/produkte/vorsorge/fondsgebundene-rentenversicherung/ (Stand: 20. 1. 2020).

66 ERGO: Produktseite zur privaten Rentenversicherung. URL: https://www.ergo.de/de/Produkte/Rentenversicherung/Private-Rentenversicherung (Stand: 20. 1. 2020).

67 R+V Versicherung: Produktseite zur „PrivatRente Performance“. URL: https://www.ruv.de/privatkunden/altersvorsorge/privatrente-performance (Stand: 20. 1. 2020).

68 Württembergische Versicherung: Produktseite zur „Genius PrivatRente“. URL: https://www.wuerttembergische.de/de/produkte_privatkunden/altersvorsorge_und_familie/privatrente_genius/genius-privatrente.html (Stand: 20. 1. 2020).

werden die Bodenständigen – sprichwörtlich auf dem Boden geblieben – abgebildet.[69] Anders sieht es bei Bildern bezüglich der fondsbasierten Versicherungsprodukten aus. Hier kommt dem Aspekt des aktiven Abhebens eine gewichtige Rolle zu. Sowohl bei der R+V Versicherung, als auch bei dem Barmenia Erklärvideo wird in diesem Kontext die visuelle Metapher des Hängegleiters angewendet.[70] Die Protagonisten schweben dabei über dem Grund und nehmen somit eine spektakuläre Position ein, die eine exzellente Aussicht ermöglicht. Sie sehen dadurch mehr als andere und haben in metaphorischer Hinsicht einen besseren Blick auf potenzielle Chancen an den Kapitalmärkten. Diese werden wiederum durch den abgehobenen Zustand der Protagonisten imaginiert. Gleichzeitig transportieren die Bilder aber auch den Eindruck des Risikos, da es sich um eine nicht ungefährliche Aktivität handelt. Die Absturzgefahr ist latent immer vorhanden. Im Barmenia Erklärvideo wird die Gefahr zusätzlich noch durch das Gipfelkreuz hervorgehoben, welches auch ein Symbol für den Tod darstellt. Der Berg auf dem es sich befindet lässt sich demgegenüber als die Visualisierung der im Video angesprochenen „hohen Ziele"[71] deuten, welche „auch de[n] Mut Risiken einzugehen"[72] erfordern würden.

Die räumliche Positionierung des Bodenstands und des Abgehoben-Seins wird in eindrücklicher Weise auf der Übersichtsseite der R+V Versicherung inszeniert (vgl. Abbildung 21).

Auf der Seite ist die ganze Bandbreite der Vorsorgeprodukte mit einer entsprechenden Visualisierung abgebildet. Die Handlung der ersten Bilder scheint dabei in demselben Bergterritorium angesiedelt zu sein. Zunächst wird das sicherheitsorientierte Vorsorgeprodukt veranschaulicht: Zwei Wanderer befinden sich zu Fuße des sie umgebenen Bergmassivs. Mithilfe einer Karte scheinen sie sich in dem Terrain orientieren zu wollen, wobei einer der beiden Wanderer auf einen bestimmten Punkt auf der Karte weist. Gleichzeitig erscheint diese Geste generell den Wunsch des Aufstiegs gen Bergspitze auszudrücken. Betrachtet man diesen Bildinhalt nun im Kontext der weiteren

69 Vgl. hierzu exemplarisch Nürnberger Versicherung: Zweites Motiv auf Produktseite zur Rürup Rente. URL: https://www.nuernberger.de/rentenversicherung/ruerup-rente/ (Stand: 20. 1. 2020); R+V Versicherung: Motive zur „PrivatRente", „RiesterRente" und „BasisRente" auf der Startseite zur Rentenversicherungsrubrik. URL: https://www.ruv.de/privatkunden/altersvorsorge (Stand: 20. 1. 2020).

70 Vgl. Barmenia: Barmenia PrivatRente Invest – Modifikation der Altersvorsorge. Erklärvideo zur „PrivatRente Invest". URL: https://www.barmenia.de/de/produkte/alters-und-risikovorsorge/renten versicherung/privatrente_invest.xhtml (Stand: 20. 1. 2020); R+V Versicherung: Motiv zur „PrivatRente IndexInvest" auf der Übersichtsseite zur Altersvorsorgerubrik. URL: https://www.ruv.de/pri vatkunden/altersvorsorge (Stand: 20. 1. 2020).

71 Barmenia: Barmenia PrivatRente Invest – Modifikation der Altersvorsorge, 00:00:07 (siehe Anmerkung 70).

72 Ebd., 00:00:09–00:00:11.

Abbildung 21: Die Visualisierung der Bodenständigen und der Chancenorientierten (Einstiegsmotive der Altersvorsorgerubrik der R+V Versicherung)

Abbildungen, so wird eine klare räumliche Strukturierung ersichtlich. Während sich die Subjektvisualisierung dieser beiden *Bodenständigen* auf dem Grund abspielt, verlagert sich die Szenerie der chancenorientierten Vorsorgeprodukte weiter nach oben. Dies gipfelt in der Abbildung zur „PrivatRente Performance". Die Protagonistin des Bildes hat den Aufstieg bereits hinter sich. Sie befindet sich auf dem Gipfel, den sie ihrer Ausstattung zufolge aktiv erklettert (und nicht erwandert) hat. In einer scheinbar ausgelassenen und zufriedenen Gemütsverfassung genießt sie Szenerie und Aussicht. In den Bildinhalten der aufgeführten Motive werden somit in allegorischer Weise die beiden Subjektpositionen illustriert. Die Bodenständigen befinden sich im Tal auf sicherem Grund, was den Sicherheitsaspekt des veranschaulichten Vorsorgeprodukts verdeutlicht. Ihre Zielsetzung ist zwar der Aufstieg, allerdings erscheinen sie weniger ambitioniert als die Kletterin und der auch an dieser Stelle abgebildete Hängegleiter.

Abbildung 22: Rolltreppenmotiv – der stetige Weg nach oben (Einstiegsmotiv der Produktseite zur Dax®-Rente der Nürnberger Versicherung)

Sie symbolisieren die Chancenorientierten, die hoch hinauswollen und dabei bereit sind riskante Schritte zu tätigen.

Was die Abgrenzung beider Subjektpositionen anbelangt, so sollte auf deren fließenden Charakter hingewiesen werden. Nicht an allen Stellen können beide Stilisierungsformen klar voneinander getrennt werden. Dies liegt vor allem daran, dass die Versicherungsunternehmen oft beide Vorsorgestrategien in einem Produkt integriert anbieten. Für die Kund*innen ergibt sich dadurch die Option, zwischen einem sicherheitssowie einem chancenorientierten Ansatz zu wählen. Da es sich allerdings immer noch um ein eigenständiges Produkt handelt, treten bei manchen Bildmotiven beide Inszenierungsmuster simultan in Erscheinung. Genau dies ist bei der Dax®-Rente der Nürnberger Versicherung der Fall. Auf der dazugehörigen Seite ist unter anderem ein Motiv abgebildet, welches das abstrakte Börsengeschehen allegorisch versinnbildlicht (vgl. Abbildung 22).

In dem Einstiegsbild befindet sich der Protagonist auf einer Rolltreppe, die ihn auf eine höhere Ebene befördert. Zwar ist diese nicht direkt im Bild ersichtlich, sie wird aber von dem Mann mit einem lächelnden Gesichtsausdruck antizipiert. Die Szenerie kann als eine allegorische Visualisierung der Anlagechancen von Finanzmarktprodukten gedeutet werden. Dabei symbolisiert die Rolltreppe eine stetige Aufwärtsentwicklung der Kapitalanlagen, die sich ohne ein großes Zutun des Mannes automatisch vollzieht.

Auf seiner Seite der Rolltreppe gibt es nur eine Richtung und die führt kontinuierlich nach oben. Eben jenen Zukunftsverlauf verspricht das Motiv auch für die persönliche Renditeentwicklung der Dax®-Rente. In der Abbildung kommt also sowohl das Aufstiegsnarrativ als auch die Suggestion von Sicherheit zum Vorschein, denn der Aufwärtsgang der Rolltreppe ist garantiert. Verstärkt wird dies zudem durch ein im Bild integriertes Ratingsiegel, das dem Versicherungsprodukt einen Exzellenzstatus attestiert. Es handelt sich hierbei um eine Strategie der Vertrauensgenerierung, bei der die Sicherheit und Qualität des Produkts durch den Verweis auf das Zertifikat einer unabhängigen Bewertungsinstanz plausibilisiert wird. In Anlehnung an Urs Stäheli lässt sich das Abbilden von solchen Siegeln als eine „Normalisierungstechnik“ (Stäheli 2006: 30) begreifen. Wie er betont basiert das Feld der Finanzwerbung generell auf zwei Werbelogiken. Auf der einen Seite gilt es durch eine „Semantik ökonomischer Kontingenz“ (ebd.), Profitchancen zu veranschaulichen. Gleichzeitig muss ihr spekulativ-risikobehafteter Gehalt aber mittels einer „Semantik ökonomischer Normalität“ (ebd.) abgeschwächt werden, um dadurch den Produkterwerb rational zu rechtfertigen (vgl. ebd.). Solche Akte des Vertrauen-Schaffens spielen somit auch bei den chancenorientierten Vorsorgeprodukten eine wichtige Rolle. Zwar werden also potenzielle Anlagerisiken durchaus thematisiert, nichtsdestotrotz basiert ein Teil der Vermittlung auf dem Aufgreifen von Sicherheitsverweisen. So wird bei der Dax®-Rente auf die Zuverlässigkeit des Deutschen Aktienindexes hingewiesen. „Der DAX® zählt zu den erfolgreichsten Aktienindizes weltweit und vereint namhafte deutsche Aktien. Seine hohe Diversifikation bietet in Krisen Stabilität und Sicherheit.“[73] Auch auf vielen weiteren Versicherungsseiten wird beispielsweise die breite Risikostreuung[74], die „[h]ohe Flexibilität“[75] oder die Kompetenz der Finanzexpert*innen[76] betont. Es ist somit vor allem die Imagination von beherrschbaren Risiken, die bei der Anrufung der *Chancenorientierten* im Vordergrund steht.

4.6 Zur Visualisierung von Glaubwürdigkeit

Als Abschluss des Analysekapitels sollen die nachfolgenden Seiten einen weiteren Aspekt der diskursiven Praktik der *Ver-sicherung* beleuchten. Wie bereits eingehend

73 Nürnberger Versicherung: Der Deutsche Aktien Index Dax®. Infografik auf der Produktseite zur „Dax®-Rente“. URL: https://www.nuernberger.de/rentenversicherung/dax-rente/ (Stand: 20. 1. 2020).

74 Vgl. Zürich Versicherung: Produktseite zur fondsgebundenen Rentenversicherung. URL: https://www.zurich.de/de-de/privatkunden/vorsorge-und-vermoegen/private-altersvorsorge/fondsgebundene-rentenversicherung (Stand: 20. 1. 2020).

75 SV SparkassenVersicherung: Produktseite zur „VermögensPolice Invest“ (siehe Anmerkung 65).

76 Vgl. R+V Versicherung: Produktseite zur „PrivatRente Performance“ (siehe Anmerkung 67).

thematisiert, verstehe ich hierunter nicht den eigentlichen Versicherungsabschluss an sich, sondern vielmehr die Akte der diskursiven Vertrauensgenerierung in der Versicherungskommunikation.

Im Kapitel 3.3 wurde die entscheidende Relevanz des Vertrauensaspekts in der Finanzökonomie bereits herausgearbeitet. Finanzinstitute handeln mit auf die Zukunft hin ausgerichteten Gütern, welche nur schwer greifbar sind, da es sich um virtuelle Leistungsversprechen handelt. Im Bereich des Versicherungswesens gehen deshalb die Kund*innen mit den Versicherungsunternehmen eine zeitliche Bindung auf Basis eines Versprechensverhältnisses ein. Die Verben versprechen und versichern können in dieser Hinsicht als Synonyme betrachtet werden, die den wesentlichen Kern der Versicherungskommunikation bilden. Es geht um das Ver-sprechen beziehungsweise das Ver-sichern der eigenen Kompetenz, Glaubwürdigkeit und Expertise mit Blick auf die Zukunftssicherheit der angebotenen Dienstleistung.

Nun erfolgt die diskursive Praktik der *Ver-sicherung* in vielfältiger Hinsicht. Sie zeigt sich unter anderem mit Blick auf ihre dispositive Manifestierung in der Finanzarchitektur und in den daran anknüpfenden Innengestaltungsmaßnahmen, die vor allem auf eine ästhetisch-atmosphärische Untermauerung des eigenen Leistungsvermögens abzielen. Aber auch im persönlichen Beratungsgespräch bestimmt das Ver-sichern den narrativen Rahmen der spezifischen Beratungsperformanz (vgl. Heid 2019). Deshalb ist es nicht verwunderlich, dass auch in den ausgewerteten Produktseiten Aspekte der *Ver-sicherung* ersichtlich werden. Unter anderem kommt dabei auf manchen Versicherungsseiten eine weitere Vorsorgefigur zum Vorschein. Es handelt sich um *den* beziehungsweise *die kompetente/n Berater*in,* die meistens in männlicher Gestalt in Erscheinung tritt. Was das Aussehen anbelangt, so folgt die Vorsorgefigur den typischen Kleidungskonventionen der Finanzberatung und erscheint dementsprechend im kompetenzevozierenden Business-Look. Auf manchen Seiten ist sie dabei als real existierende Person abgebildet[77], anderenorts wird sie vor allem in gezeichneter Form skizzenhaft visualisiert. Dies ist insbesondere bei den Erklärvideos der einzelnen Versicherungsunternehmen der Fall. In den dortigen Handlungen fungiert sie dabei in der Regel als Problemlöser*in, die nach den negativ imaginierten Zukunftsszenarien in die Handlungen eintritt und die positiv konnotierten Kontrastimaginationen bereitstellt.[78]

77 Vgl. Allianz: Motiv auf der Produktseite zur Berufsunfähigkeitsversicherung. URL: https://www.allianz.de/vorsorge/risikolebensversicherung/ (Stand: 20. 1. 2020); Württembergische Versicherung: Mein Millionen Job. Einführungsfilm auf der Produktseite zur Berufsunfähigkeitsversicherung, 00:01:51–00:01:59 (siehe Anmerkung 28).

78 Vgl. exemplarisch SV SparkassenVersicherung: Erklärvideo zur Riester-Rente. URL: https://www.sparkassenversicherung.de/content/privatkunden/produkte/vorsorge/riesterrente/#/Riesterrente (Stand: 20. 1. 2020); HUK-Coburg: Erklärvideo zur Berufsunfähigkeitsversicherung (siehe Anmerkung 31).

In allgemeiner Hinsicht dient die Vorsorgefigur meistens der Personifizierung des jeweiligen Versicherungsunternehmens, das durch sie eine glaubwürdige und kompetent erscheinende Gestalt annimmt. Ihre Partnerfunktion an der Seite der Versicherten wird dabei hervorgehoben und visuell in Szene gesetzt. So ist beispielsweise auf der Seite zur Riester-Rente der Allianz eine Grafik platziert, in deren Einstiegsbereich zwei gezeichnete Personen abgebildet sind.[79] Während der augenscheinliche Kunde einen seiner Arme auf der Schulter des Versicherungsberaters platziert hat, verweist die Gestik des anderen Arms auf seine Zufriedenheit angesichts des großen Geldbetrags, der sich auf dem Tisch vor ihnen anhäuft. In der sich hierauf beziehenden Textstelle – „Finanzstärke: Die Allianz ist Ihr zuverlässiger Partner“[80] – wird die Partnerfunktion des personifizierten Versicherungsunternehmens zusätzlich bescheinigt.

Auf der Versicherungsseite des Rentenprodukts „IndexClever“ der Württembergischen Versicherung ist darüber hinaus eine weitere Form der personifizierten Visualisierung von Expertise anzutreffen.[81] Anstatt eines Vorsorgeberaters bzw. -beraterin wird diese Rolle hierbei von einem wissenschaftlichen Experten ausgefüllt, dessen Erscheinungsbild sehr stark dem des Physikers Albert Einstein ähnelt. Die Figur kommt sowohl auf der Produktseite selbst als auch in den zwei dazugehörenden Erklärvideos zum Vorschein. Bei einem davon handelt es sich um eine echte Filmsequenz in dessen Verlauf der Wissenschaftler eine Formel für die perfekte Altersabsicherung entwickelt, die schlussendlich in dem „IndexClever“-Ansatz der Württembergischen Versicherung mündet. Durch diesen Inszenierungsvorgang wird der Eindruck erweckt, dass es sich bei dem angepriesenen Versicherungsprodukt um eine raffinierte Anlagestrategie handelt, welche sowohl Sicherheitsgarantien als auch Chancenoptionen in cleverer Weise miteinander zu verbinden vermag.

Neben diesen personifizierten Arten der Vertrauensvisualisierung vollzieht sich die diskursive Praktik des *Ver-sicherns* auf den ausgewerteten Produktseiten auch mithilfe von Ratingangaben. Es handelt sich hierbei um Zertifizierungsbescheinigungen von unabhängigen Ratingagenturen, die in Form von Siegeln ausgestellt werden. Allgemein können solche Ratings als Ranglisten charakterisiert werden, die eine Vergleichs- und Bewertungsfunktion ausfüllen und die Ergebnisse in einer ordnenden Logik wiedergeben (vgl. Heintz 2019: 45). Sie basieren dabei immer auf Einzelbeurteilungen, deren Auswertung gemäß einer standardisierten Bewertungsskala erfolgt. Anders als

79 Vgl. Allianz: Produktseite zur Riester-Rente. URL: https://www.allianz.de/vorsorge/riester-rente/ (Stand: 20. 1. 2020).

80 Ebd.

81 Vgl. Württembergische Versicherung: Produktseite zu „IndexClever“. URL: https://www.wuerttembergische.de/de/produkte_privatkunden/altersvorsorge_und_familie/indexclever/indexclever.html (Stand: 20. 1. 2020).

etwa bei Rankings steht bei ihnen deshalb nicht der direkte Vergleich der beurteilten Instanzen im Vordergrund, sodass auch mehrere Instanzen gleichzeitig ein und dieselbe Ratingbewertung aufweisen können (vgl. ebd.: 57–59).
Im Versicherungswesen kommt nun diesen speziellen „Ordnungsformate[n]" (ebd.: 45) eine große Relevanz zu, denn aufgrund der Komplexität vieler Versicherungsprodukte besteht eine starke Erklärungsbedürftigkeit der jeweiligen Leistungen. Da gleichzeitig der persönliche Vergleich zwischen unterschiedlichen Versicherern nur bedingt möglich ist, können solche Ratingangaben als „Entscheidungshilfen" (Weng 2002: 152) für den Versicherungsabschluss fungieren. Sie stiften Orientierung und attestieren den positiv beurteilten Versicherungsunternehmen Qualität und Werthaftigkeit. Dadurch tragen sie aber auch gleichzeitig zu deren weitergehenden Aufwertung bei, denn die Versicherungsunternehmen binden sie dann aktiv in ihre Kundenkommunikation ein. Aus diesem Grunde können Versicherungsratings auch als Formen der Valorisierung aufgefasst werden (vgl. Arnold/Hasse 2016).
Nun werden auf vielen der ausgewerteten Versicherungsseiten Ratingsiegel aufgeführt. Generell handelt es sich bei diesen entweder um Unternehmensratings, die beispielsweise die Finanzstärke eines ganzen Versicherungsunternehmens attestieren, oder um Produktratings, welche die spezifische Qualität eines Versicherungsprodukts bescheinigen. In vielen der Fälle wird neben der alleinigen Abbildung der Ratings auch in textueller Hinsicht auf sie direkt verwiesen. Das besondere Bewertungsergebnis wird dann meistens vertiefend thematisiert und in die weitergehende Erzählstruktur eingebettet. Ihre visuelle Inszenierung verweist dabei an manchen Stellen auf die bereits erläuterte Metaphorik der Fülle. So treten die Siegel teilweise in einer additiv angeordneten Weise in Erscheinung. Durch die reine Fülle ihrer Präsenz wird dadurch die Exzellenz und Vertrauenswürdigkeit der angepriesenen Versicherungsleistung eindrücklich betont.[82]
Daneben gibt es noch eine Inszenierungsstrategie, die im Kontext dieser Studie von besonderer Relevanz ist. Es handelt sich hierbei um eine kombinatorische Verbindung aus personenbezogenen Bildmotiven mit darin integrierten Ratingsiegeln. Auf ein Beispiel eines solchen Hybridformats wurde bereits im vorangegangenen Kapitel eingegangen. Generell lässt sich diese Darstellungsweise auf einigen Versicherungsseiten antreffen, wobei es sich dann meistens um die jeweiligen Einstiegsbilder handelt. Dies ist beispielsweise bei der Risikolebensversicherungsseite der Nürnberger Versicherung

82 Vgl. exemplarisch ComsosDirekt: Einstiegsmotiv auf der Produktseite zur Berufsunfähigkeitsversicherung. URL: https://www.cosmosdirekt.de/berufsunfaehigkeit-fuer-berufserfahrene/#produktuebersicht (Stand: 20. 1. 2020); Allianz: Produktseite zur Risikolebensversicherung. URL: https://www.allianz.de/vorsorge/risikolebensversicherung/ (Stand: 20. 1. 2020).

Abbildung 23: Hybridformat (Einstiegsmotiv auf der Produktseite zur Risikolebensversicherung der CosmosDirekt)

der Fall. Bei dem Grundmotiv des hier abgebildeten Hybridformats[83] wird wiederum auf die kanonische Stützhaltung des *verantwortungsbewussten Elternteils* rekurriert: Ein auf einem Sofa liegender Vater hält ein Kleinkind fest in seinen beiden Händen, etwa einen halben Meter über seiner Brust. Das Bild erweckt vordergründig den Eindruck der Geborgenheit, lässt aber auch gleichzeitig die Assoziation der potenziellen Absturzgefahr zu. An diesem Punkt setzt nun das zusätzlich abgebildete Siegel der Ratingagentur Morgen & Morgen an. In thematischer Hinsicht untermauert es die Bedeutungsstruktur des Gesamtmotivs, denn bei dem Siegel handelt es sich um den M&M Belastungstest zur Finanzstabilität, welcher der Nürnberger Versicherung die Bewertung „ausgezeichnet" attestiert. Durch die Kombination der beiden Abbildungen werden diese simultan zueinander in Beziehung gesetzt, sodass die Stützqualität des Vaters (bzw. der Versicherung) zusätzlich auch durch das ausgezeichnete Bewertungsergebnis des Belastungstests bekräftigt wird. Der gleichen Logik folgt auch das Einstiegsmotiv auf der Risikolebensversicherungsseite der CosmosDirekt (vgl. Abbildung 23).

Wiederum nimmt der dort aufgeführte Vater eine Stützfunktion für seine fahrradfahrende Tochter ein. Generell wird hier vor allem der Sicherheitsaspekt stark in Szene gesetzt. So ist die Tochter unter anderem mit einer aufwendigen Schutzkleidung ausgestattet. Besonders auffällig ist in dieser Hinsicht die Fahrbahn, die scheinbar extra für die Tochter von der restlichen Straße abgegrenzt wurde. Ihre Ränder sind dabei jeweils mit sanft anmutenden Schutzkissen staffiert. Es ist nun genau diese Fülle an Sicherheitsaspekten, die sich im Bewertungsergebnis des ebenfalls abgebildeten Ratingsiegels widerspiegelt. Die umfassenden Schutzvorkehrungen können in dieser Hinsicht als bildliche Symbolisierungen des von Focus Money attestierten „[b]este[n]

83 Vgl. Nürnberger Versicherung: Einstiegsmotiv auf der Produktseite zur Risikolebensversicherung. URL: https://www.nuernberger.de/lebensversicherung/risikolebensversicherung/ (Stand: 20.1.2020).

Risikoschutz[es]“ gedeutet werden. Zusammengenommen lassen sie die Tochter frohen Gemüts eine abgesicherte Zukunft ansteuern.
In den Hybridformaten auf den Versicherungsseiten werden somit zwei Arten des Zukunftsbezugs miteinander kombiniert. Bestimmte Zukunftsaspekte werden mithilfe von personenbezogenen Visualisierungen ausgemalt und gleichzeitig anhand der ebenfalls abgebildeten Ratingsiegel bekräftigt. Als Gütezertifikate bescheinigen letztere die Qualität der bewerteten Versicherungsprodukte und untermauern dadurch die zukunftsbezogene Versicherungskommunikation. In den ausgewerteten Versicherungsseiten werden sie deshalb als visuelle Argumente für die Evokation der Glaubwürdigkeit des jeweiligen Versicherungsunternehmens eingesetzt.
Zusammenfassend lässt sich die Relevanz von Ratingsiegeln in der Versicherungskommunikation als bedeutsam charakterisieren. Sie werden häufig verwendet und mittels unterschiedlicher Strategien in Szene gesetzt. Sie stellen deshalb einen weiteren und zugleich letzten Baustein der diskursiven Praktik der *Ver-sicherung* dar.

5 Fazit

Das Ziel dieser Studie bestand darin, die narrative Struktur der Zukunftsvorstellungen in der Versicherungskommunikation zu ermitteln. In den vorangegangenen Abhandlungen wurde deshalb zunächst die generelle Zukunftsausrichtung des Versicherungswesens erläutert. Wie sich zeigt, ist es gerade die Unsicherheit des Kommenden, die den generellen Referenzrahmen der Branche bildet. Versicherungen setzen demgemäß die Zukunft auf die Agenda ihrer Kund*innen. Sie verleihen ihr ein imaginatives Antlitz und veranlassen ihre Adressat*innen sich hierzu zu positionieren. Die vielfältigen Imaginationen weisen dabei immer einen fiktionalen Charakter auf, denn das Kommende ist und bleibt kontingent. Mittels Fiktionen – die sich in Erzählungen manifestieren und auf einem Modus des So-tun-als-ob basieren – wird in der Versicherungskommunikation das potenziell Zukünftige antizipiert und dadurch die Uneinsichtigkeit des Kommenden imaginativ überwunden. Der allgemeine Bezugspunkt dieser Zukunftsvorstellungen bildet hierbei immer das Wahrnehmungsmuster des Risikos. In der Versicherungspraxis geht es deshalb vor allem darum, den bedrohlichen Charakter künftiger Begebenheiten hervorzuheben, um dadurch die diesbezügliche Absicherung im Zuge eines Versicherungserwerbs zu plausibilisieren.

Wie in dieser Studie gezeigt wurde, basiert die versicherungsspezifische Argumentationsstruktur deshalb vor allem auf einer wissenspolitischen Zielsetzung. Mithilfe vielfältiger Imaginationsverfahren gilt es den risikobehafteten Charakter der Zukunft als die dominante Deutung des Kommenden diskursiv zu etablieren. Versicherungen versuchen dabei ihren – auf einer ökonomischen Wertschöpfungsintention fundierenden – Blick auf Zukünftiges in den Adressat*innen zu verankern. Dieser diskursive Vorgang weist auf den ausgewerteten Versicherungsproduktseiten in erster Linie eine bipolare Struktur auf. Das Grundprinzip der entsprechenden Zukunftsvorstellungen manifestiert sich dabei mittels zweier Modi, die das vermeintlich Kommende in antithetischer Form imaginieren. Es handelt sich hierbei um den diskursiven Prozess der *Ver(un)sicherung*, der den Kern der narrativen Struktur der Zukunftsbezugnahmen in der Versicherungskommunikation bildet. Auf der einen Seite stehen dabei die diskursiven Praktiken der *Ver-unsicherung*, die auf das Etablieren der Risikowahrnehmung abzielen. In narrativer Hinsicht betonen sie die riskante Natur kommender Entwicklungen, weisen auf die Unzulänglichkeit der staatlichen Vorsorgemaßnahmen hin und erzeugen Bedrohungsszenarien, die zum Handeln – dem Versicherungserwerb – auffordern. Auf den ausgewerteten Produktseiten wird dabei auf einen vielschichtigen Komplex an unterschiedlichen Imaginationsstrategien zurückgegriffen, die zusammengenommen eine umfassende Risikoantizipation des Kommenden transportieren. So werden mögliche negative Ereignisse mittels animierten Exempla sowie Betroffenenbeispielen plastisch ausgemalt und in den Fokus der Rezipient*innen gerückt. Gleichzeitig

dienen statistikbasierte Wahrscheinlichkeitsverweise dazu, den scheinbar objektiven Absicherungsbedarf zu verdeutlichen und den Versicherungserwerb als einzig rationale Entscheidungsoption zu positionieren. Dies vollzieht sich des Weiteren auch mittels Grafiken und metaphorischen Bezugnahmen, die vor allem die Notwendigkeit des eigenverantwortlichen Handelns betonen. Hierbei wenden sich die Zukunftsvorstellungen oftmals direkt den Angehörigen der Adressat*innen zu. Ihre Betroffenheit im Falle eines negativen Ereignisses – beispielsweise aufgrund eines Todesfalls – wird im Zuge dessen hervorgehoben und dadurch an die individuelle Fürsorgepflicht appelliert. An diese diskursiven Praktiken des Risikobewusstsein-Schaffens (*Ver-unsicherung*) knüpft dann der diskursive Modus der *Ver-sicherung* an. Wie bereits thematisiert, verstehe ich hierunter nicht den Akt des Versicherungsabschlusses an sich. Vielmehr zielt die Benennung darauf ab, die Aspekte der versicherungsspezifischen Vertrauensgenerierung zu umschreiben. *Ver-sichern* meint in diesem Kontext das Versprechen künftigen Wohlbefindens im Zuge eines Versicherungserwerbs. Die Versicherungsvermittlung greift hierbei vielfältige Positivimaginationen auf, die Glücksvorstellungen transportieren und eine sorgenfreie Zukunft ausmalen. Eine große Relevanz kommt in diesem Zusammenhang den vermittelten Subjektanrufungen zu. Sie stellen Identifizierungsangebote dar, die auf den ausgewerteten Versicherungsseiten das gute Gefühl des Abgesichert-Seins in Szene setzen. Familienglück, individuelle Freiheit sowie Vitalität und Tatendrang im Alter stehen hier im Vordergrund der visuell-narrativen Vermittlung. Daneben spielen vor allem Vertrauenssemantiken und -visualisierungen eine wichtige Rolle in diesem Modus der Versicherungskommunikation. In vielfältiger Weise bescheinigen sie die Glaubwürdigkeit und die Kompetenz der jeweiligen Versicherungsunternehmen. Die Adressat*innen können sich darauf verlassen, im Fall der Fälle einen starken Partner an ihrer Seite zu haben, so die Botschaft der Vermittlung.
In der Gesamtbetrachtung verweist der diskursive Prozess der *Ver(un)sicherung* auf die versicherungsspezifische Anrufung des *ver(un)sicherten Selbsts*. In Anlehnung an Ulrich Bröckling (2007) verstehe ich hierunter eine Subjektposition, die aus einer eigenverantwortlichen Motivation heraus, potenzielle Bedrohungslagen aktiv antizipiert und sich demgemäß positioniert. Das *ver(un)sicherte Selbst* ist sich der Unsicherheit der Zukunft bewusst und begegnet ihr in vorausblickender Manier. Dabei weiß es von der Notwendigkeit, selbst die Verantwortung für sein künftiges Wohlbefinden zu übernehmen. Als eigenständiges Wirtschaftssubjekt identifiziert es deshalb relevante Risiken und ergreift frühzeitige Absicherungsmaßnahmen dagegen.
Abschließend bleibt nunmehr festzuhalten, dass die diskursanalytische Auswertung der Versicherungswebsites, die Ermittlung der bipolaren Struktur der Zukunftsbezugnahmen in der Versicherungskommunikation ergab. Sie bildet den visuell-narrativen Erzählrahmen der ausgewerteten Versicherungsseiten und tritt dort in prägnanter Quantität in Erscheinung. Generell zeichnen sich die ausgewerteten Produktseiten

durch eine große Ähnlichkeit der diesbezüglichen Argumentations- und Inszenierungsmuster aus. Bei dem diskursiven Prozess der *Ver(un)sicherung* handelt es sich somit um eine versicherungsübergreifende Verweisstruktur. Nun basiert die Versicherungspraxis nach wie vor in erster Linie auf dem persönlichen Vertrieb durch Versicherungsvertreter*innen. Aufgrund der Konzeption meines Forschungsansatzes konnten diese wesentlichen Vermittlungsinstanzen allerdings nicht in den Analysevorgang miteinbezogen werden. Es wäre deshalb interessant zu sehen, wie auf das potenziell Zukünftige in persönlichen Beratungsgesprächen Bezug genommen wird. Dabei kann die Hypothese aufgestellt werden, dass auch in dem direkten Austausch den Strategien der *Ver(un)sicherung* eine große Relevanz zukommt. Wie ich in dieser Studie dargelegt habe, bildet die Antizipation der Zukunft den generellen Referenzrahmen des Versicherungswesens. Die wissenschaftliche Perspektive auf die Imagination von Zukunftsvorstellungen könnte in dieser Hinsicht auch den Ausgangspunkt für künftige ethnographische Arbeiten zur Versicherungspraxis bilden.

6 Verzeichnisse

6.1 Literaturverzeichnis

Altuntas, Muhammed/Uhl, Pascal (2016): Industrielle Exzellenz in der Versicherungswirtschaft. Bestimmung der Industrialisierungsreife in einer zunehmend digitalisierten Welt. Wiesbaden.

Amann, Klaus/Hirschauer, Stefan (1997): Die Befremdung der eigenen Kultur. Ein Programm. In: dies. (Hg.): Die Befremdung der eigenen Kultur. Zur ethnographischen Herausforderung soziologischer Empirie. Frankfurt am Main, S. 7–52.

Arnold, Nadine/Hasse, Raimund (2016): Die Organisation von Wertzuschreibungen. Zur Bedeutung von Drittparteien für die Signalisierung moralischer Qualitäten in Märkten. In: Berliner Journal für Soziologie 26, Heft 3–4, S. 329–351.

Assion, Peter (1978): Das Exempel als agitatorische Gattung. Zu Form und Funktion der kurzen Beispielgeschichte. In: Fabula 19, S. 225–240.

Baecker, Dirk (2003): Kapitalismus als Religion. Berlin.

Bain & Company (Hg.) (2013): Versicherungen – Die digitale Herausforderung. München und Zürich.

Bastian, Michael (2018): Das wahre Risiko. In: Allianz Makler Magazin 56, Heft 4. München, S. 35.

Bauer, Hans H./Sauer, Nicola E./Brugger, Nicole (2002): Die Distribution von Versicherungsdienstleistungen über das Internet. Handlungsempfehlungen für einen erfolgreichen Internetauftritt von Versicherungen. Online-Publikation. URL: https://madoc.bib.uni-mannheim.de/8156/ (Stand: 20. 1. 2020).

Bausinger, Hermann ([2]1980 [1968]): Formen der „Volkspoesie“. Berlin.

Bechmann, Torsten (2002): Online-Insuring. Strategische Implikationen einer virtuellen Kundenkontaktgestaltung im Privatkundengeschäft der Assekuranz. Gossau.

Beck, Michael (2010): Optimierung der Kundenansprache zur Vertriebsunterstützung im Internet. In: Raake, Stefan/Pispers, Ralf (Hg.): Versicherer im Internet. Status, Trends, Perspektiven. Karlsruhe, S. 79–92.

Beckert, Jens (2018): Imaginierte Zukunft. Fiktionale Erwartungen und die Dynamik des Kapitalismus. Berlin.

Bohrmann, Thomas (2010): Werbung. In: Schicha, Christian/Brosda, Carsten (Hg.): Handbuch Medienethik. Wiesbaden, S. 293–303.

Bonß, Wolfgang (1995): Vom Risiko. Unsicherheit und Ungewissheit in der Moderne. Hamburg.

Bonß, Wolfgang (2010): (Un-)Sicherheit als Problem der Moderne. In: Münkler, Herfried/ Bohlender, Matthias/Meurer, Sabine (Hg.): Handeln unter Risiko. Gestaltungsansätze zwischen Wagnis und Risiko. Bielefeld, S. 33–64.

Borchers, Nils S. (2014): Werbekommunikation. Entwurf einer kommunikationswissenschaf tlichen Theorie der Werbung. Wiesbaden.

Borscheid, Peter (1995): Sparsamkeit und Sicherheit. Werbung für Banken, Sparkassen und Versicherungen. In: Borscheid, Peter/Wischermann, Clemens (Hg.): Bilderwelt des Alltags. Werbung in der Konsumgesellschaft des 19. und 20. Jahrhunderts. Stuttgart, S. 294–349.

Bourdieu, Pierre ([2]1991 [1985]): Sozialer Raum und „Klassen". Leçon sur la leçon. Zwei Vorlesungen. Frankfurt am Main.

Brandstetter, Gabriele/Peters, Sibylle/van Eikels, Kai (2009): Vorwort. In: dies. (Hg.): Prognosen über Bewegungen. Berlin, S. 9–19.

Bratschi, Rebekka (2005): Xenismen in der Werbung. Die Instrumentalisierung des Fremden. Frankfurt am Main.

Brenner, Ernst (1982): Die Werbung für Versicherungen. In: Die Werbung. Handbuch der Kommunikations- und Werbewirtschaft. Band III: Die Werbe- und Kommunikationspolitik. Regensburg, S. 2765–2773.

Breuer, Franz u. a. ([3]2018 [2010]): Reflexive Grounded Theory. Eine Einführung für die Praxis. Wiesbaden.

Bröckling, Ulrich (2007): Das unternehmerische Selbst. Soziologie einer Subjektivierungsform. Frankfurt am Main.

Bröckling, Ulrich (2017): Gute Hirten führen sanft. Über Menschenregierungskünste. Berlin.

Brüß, Oliver (2018): Beratung digital oder persönlich? Der Multikanalvertrieb als Antwort auf den hybriden Kunden. In: Beenken, Matthias u. a. (Hg.): Digital Insurance. Strategien, Geschäftsmodelle, Daten. Frankfurt am Main, S. 65–85.

Bund der Versicherten (2019): Das Kopfkissen – die bessere Riester-Rente? Die wahre Rendite der versicherungsförmigen Riester-Rente. Online-Publikation, URL: https://www.bundderversicherten.de/fbfiles/BdVKurzstudie-Riester-2019.pdf (Stand: 20. 1. 2020).

Cevolini, Alberto (2010): Die Einrichtung der Versicherung als soziologisches Problem. In: Sociologia Internationalis 48, S. 65–89.

Cevolini, Alberto (2013): Versicherung statt Verantwortung. Das Problem der Vorsorge in der modernen Gesellschaft. In: John, René/Rückert-John, Jana/Esposito, Elena (Hg.): Ontologien der Moderne. Wiesbaden, S. 153–164.

Chakkalakal, Silvy (2018): „The World That Could Be“. Gender, Bildung, Zukunft und das Projekt einer Anticipatory Anthropology. In: Zeitschrift für Volkskunde 114, Heft 1, S. 3–28.

Daxelmüller, Christoph (1984): Exemplum. In: Ranke, Kurt (Hg.): Enzyklopädie des Märchens. Handwörterbuch zur historischen und vergleichenden Erzählforschung. Band IV. Berlin und New York, S. 627–650.

Diehl, Nazim (2016): Werben um Vertrauen. Die Unternehmenskommunikation der R+V Versicherung seit 2004. In: Reinmuth, Marcus u. a. (Hg.): Kommunikation für Banken und Versicherer. Krisen bewältigen, Vertrauen schaffen. Stuttgart, S. 87–106.

Diehl, Nazim (2019): Das Image im Aushandlungsprozess. Werbung von Versicherungsunternehmen im Kontext der Riester-Renten-Debatte. Wiesbaden.

Dorka, Michael ([2]2019 [2010]): Anbieter von Versicherungsleistungen. In: Reich, Michael/Zerres, Christopher (Hg.): Handbuch Versicherungsmarketing. Berlin, S. 57–75.

Eck, Cornelia/Jäckel, Michael (2009): Werbung mit dem kleinen Unterschied. In: Willems, Herbert (Hg.): Theatralisierung der Gesellschaft. Band II: Medientheatralität und Medientheatralisierung. Wiesbaden, S. 171–186.

Ege, Moritz/Wietschorke, Jens (2014): Figuren und Figurierungen in der empirischen Kulturanalyse. Methodologische Überlegungen am Beispiel der „Wiener Typen“ vom 18. bis zum 20. und des Berliner „Prolls“ im 21. Jahrhundert. In: LiThes. Zeitschrift für Literatur- und Theatersoziologie 11 (Person – Figur – Rolle – Typ II. Kulturwissenschaftliche und kultursoziologische Zusammenhänge), S. 16–35.

Eggmann, Sabine (2013): Diskursanalyse. Möglichkeiten für eine volkskundlich-ethnologische Kulturwissenschaft. In: Hess, Sabine/Moser, Johannes/Schwertl, Maria (Hg.): Europäisch-ethnologisches Forschen. Neue Methoden und Konzepte. Berlin, S. 55–78.

Elpers, Sophie (2005): Frau Antje bringt Holland. Kulturwissenschaftliche Betrachtungen einer Werbefigur im Wandel. Münster.

Esposito, Elena (2007): Die Fiktion der wahrscheinlichen Realität. Frankfurt am Main.

Esposito, Elena (2014): Kontingenz der Geldkultur. In: Buurman, Gerhard M./Trüby Stephan (Hg.): Geldkulturen. Paderborn, S. 67–78.

Esposito, Elena (2015): Konstruktion der Zukunft und Gebrauch der Zukunft. Risiko als Gelegenheit. In: Pfleiderer, Georg/Seele, Peter/Matern, Harald (Hg.): Kapitalismus – eine Religion in der Krise. Band II: Aspekte von Risiko, Vertrauen, Schuld. Zürich, S. 48–58.

Ewald, François (1991): Insurance and Risk. In: Burchell, Graham/Gordon, Colin/Miller, Peter (Hg.): The Foucault Effect. Studies in Governmentality. London u. a., S. 197–210.

Ewald, François (1993): Der Vorsorgestaat. Frankfurt am Main.

Fehse, Beatrix (2017): Metaphern in Text-Bild-Gefügen. Sprachliche und kognitive Metaphorik. Visuelle Metaphorik. Zeitmetaphern in der Anzeigenwerbung und der Gegenwartskunst (= Essener Schriften zur Sprach, Kultur- und Literaturwissenschaft). Duisburg.

Femers, Susanne (2007): Die ergrauende Werbung. Altersbilder und werbesprachliche Inszenierungen von Alter und Altern. Wiesbaden.

Fiodorova, Viktorija (2012): Die deutsche ERGO-Werbung und ihre Lokalisierung für Baltische Länder. Online-Publikation. URL: https://vb.vdu.lt/object/elaba:1863205/ (Stand: 20. 1. 2020).

Foucault, Michel (1978): Dispositive der Macht. Über Sexualität, Wissen und Wahrheit. Berlin.

Foucault, Michel (2002): Die Verteidigung der Gesellschaft. Vorlesungen am Collége de France (1975–76). Frankfurt am Main.

Gabler Versicherungslexikon (²2017 [2011]): Versicherung. In: Wagner, Fred (Hg.): Gabler Versicherungslexikon. Wiesbaden, S. 991.

Gabler Versicherungslexikon (²2017 [2011]): Versicherungsbedarf. In: Wagner, Fred (Hg.): Gabler Versicherungslexikon. Wiesbaden, S. 995.

Gebhardt, Martin (2013): Eventkultur, Mediengesellschaft und Lernen. Das Museum im 21. Jahrhundert. Der Web-Auftritt ausgewählter deutscher und englischer Museen sowie Erfahrungen aus der Praxis des British Museum. Hamburg.

Gerlach, Martin (2019): Status quo und Relevanz von digitalen Ökosystemen in der deutschen Versicherungswirtschaft. Norderstedt.

Giddens, Anthony (1999): Risk. Second BBC Reith Lecture. BBC Online Network. Online Publikation. URL: http://downloads.bbc.co.uk/rmhttp/radio4/transcripts/1999_reith2.pdf (Stand: 20. 1. 2020).

Görgen, Frank (2002): Versicherungsmarketing. Stuttgart.

Götz, Irene/Rau, Alex (2017): Facetten weiblichen Alter(n)s – zur Einführung. In: dies. (Hg.): Facetten des Alter(n)s. Ethnografische Porträts über Vulnerabilitäten und Kämpfe älterer Frauen (= Münchner Ethnografische Schriften Bd. 25). München, S. 9–27.

Habscheid, Stephan (Hg.): Sprachhandeln und Medienstrukturen in der politischen Kommunikation. Tübingen, S. 145–175.

Haff, Tobias (2017): Alexa, bist du der neue Herr Kaiser? In: Cash.Online, vom 23. Mai 2017. URL: https://www.cash-online.de/versicherungen/2017/alexa-versicherungsvertrieb/378965 (Stand: 20. 1. 2020).

Heid, Thomas J. (2017): Die guten Gefühle sind entscheidend! Ästhetiken und Praktiken der Emotions- und Vertrauensarbeit im Private Banking. In: Kuhn, Konrad J./Sontag, Katrin/ Leimgruber, Walter (Hg.): Lebenskunst. Erkundungen zu Biographie, Lebenswelt und Erinnerung. Festschrift für Jacques Picard. Wien u. a., S. 114–124.

Heid, Thomas J. (2019): „Vertrauen ist das wertvollste Asset von Banken". Zu den Ästhetiken und Praktiken der Vertrauensgenerierung in der Finanzberatung. In: Braun, Karl u. a. (Hg.): Wirtschaften. Kulturwissenschaftliche Perspektiven. Marburg, S. 533–544.

Heintz, Bettina (2007): Zahlen, Wissen, Objektivität. Wissenschaftssoziologische Perspektiven. In: Mennicken, Andrea/Vollmer, Hendrik (Hg.): Zahlenwerk. Kalkulation, Organisation und Gesellschaft. Wiesbaden, S. 65–85.

Heintz, Bettina (2012): Welterzeugung durch Zahlen. Modelle politischer Differenzierung in internationalen Statistiken, 1948–2010. In: Soziale Systeme 18, Heft 1–2, S. 7–39.

Heintz, Bettina (2019): Vom Komparativ zum Superlativ. Eine kleine Soziologie der Rangliste. In: Nicolae, Stefan u. a. (Hg.): (Be)Werten. Beiträge zur sozialen Konstruktion von Wertigkeit. Wiesbaden, S. 45–79.

Heun, Thomas (2017): Werbung. Wiesbaden.

Hierneis, Wolfgang (2010): Werbeeffizienz von Webseiten. In: Raake, Stefan/Pispers, Ralf (Hg.): Versicherer im Internet. Status, Trends, Perspektiven. Karlsruhe, S. 159–166.

Horgby, Per-Johan/Seidel, Christian ([2]2019 [2010]): Kopf und Herz. Wirkungsvolles Dialogmarketing im 21. Jahrhundert. In: Reich, Michael/Zerres, Christopher (Hg.): Handbuch Versicherungsmarketing. Berlin, S. 471–484.

Hujber, Tanja (2005): Werbung von Versicherungsunternehmen. Eine Analyse der versicherungsspezifischen Besonderheiten. Wiesbaden.

Hunt, Alan (2003): Risk and Moralization in Everyday Life. In: Ericson, Richard V./Doyle, Aaron (Hg.): Risk and Morality. Toronto u. a., S. 165–192.

Ising, Svetlana (2006): Russische Versicherungsunternehmen im Internet. Verständlichkeit und Effizienz der Hypertexte. In: Crijns, Rogier/Thalheim, Janine (Hg.): Kooperation und Effizienz in der Unternehmenskommunikation. Inner- und außerbetriebliche Kommunikationsaspekte von Corporate Identity und Interkulturalität. Wiesbaden, S. 149–162.

Janich, Nina (2002): Wirtschaftswerbung offline und online – eine Bestandsaufnahme. In: Thimm, Caja (Hg.): Unternehmenskommunikation offline/online. Wandelprozesse interner und externer Kommunikation durch neue Medien. Frankfurt am Main, S. 136–163.

Janich, Nina (2012): Handbuch Werbekommunikation. Sprachwissenschaftliche und interdisziplinäre Zugänge. Tübingen.

Janich, Nina ([6]2013 [1999]): Werbesprache. Ein Arbeitsbuch. Tübingen.

Janich, Nina (Hg.) (2019): Stereotype in Marketing und Werbung. Interdisziplinäre Perspektiven auf kulturspezifische Wissensrepräsentationen. Wiesbaden.

Jauering, Stefan u. a. (2017): Social Media im Versicherungswesen. Karlsruhe.

Kasten, Hans (1997): Kommunikation und Werbung in der Versicherungswirtschaft. In: Zeitschrift für die gesamte Versicherungswissenschaft 86, Heft 3, S. 449–463.

Keck, Thomas (2015): Die Rolle der Sozialversicherung in Deutschland. In: Mühlheims, Laurenz u. a. (Hg.): Handbuch Sozialversicherungswissenschaft. Wiesbaden, S. 5–14.

Keller, Reiner ([2]2011 [2005]): Wissenssoziologische Diskursanalyse. Grundlegung eines Forschungsprogramms. Wiesbaden.

Keller, Reiner (2013): Zur Praxis der Wissenssoziologischen Diskursanalyse. In: Keller, Reiner/Truschkat, Inga (Hg.): Methodologie und Praxis der Wissenssoziologischen Diskursanalyse. Band I: Interdisziplinäre Perspektiven. Wiesbaden, S. 27–68.

Keller, Reiner (2016): Die komplexe Diskursivität der Visualisierungen. In: Bosančić, Saša/Keller, Reiner (Hg.): Perspektiven wissenssoziologischer Diskursforschung. Wiesbaden, S. 75–94.

Kerkhoff-Hader, Bärbel (2005): Die alltägliche Bilderflut. Werbung als kulturanalytisches Forschungsfeld. In: Gerndt, Helge/Haibl, Michaela (Hg.): Der Bilderalltag. Perspektiven einer volkskundlichen Bildwissenschaft. Münster u. a., S. 169–186.

Keynes, John M. (2018 [1936]): The General Theory of Employment, Interest and Money. Basingstoke.

Kiefl, Oliver (2014): Diskursanalyse. In: Bischoff, Christine/Oehme-Jüngling, Karoline/Leimgruber, Walter (Hg.): Methoden der Kulturanthropologie. Bern, S. 431–443.

Klemm, Michael (2007): Der Politiker als Privatmensch und Staatsperson. Wie Spitzenpolitiker auf persönlichen Websites in Text und Bild ihre Images konstruieren (wollen). In: Knorr Cetina, Karin (2010): What is a Financial Market. In: Becker, Jens/Deutschmann, Christoph (Hg.): Wirtschaftssoziologie. Wiesbaden, S. 326–343.

Köneke, Vanessa/Müller-Peters, Horst/Fechtenhauer, Detlef (2015): Werbung und Imagekampagnen. Versicherer als Partner. In: dies. (Hg.): Versicherungsbetrug verstehen und verhindern. Wiesbaden, S. 325–329.

Künzel, Christine (2014): Imaginierte Zukunft. Zur Bedeutung von Fiktion(en) in ökonomischen Diskursen. In: Balint, Iuditha/Zilles, Sebastian (Hg.): Literarische Ökonomik. Paderborn, S. 143–157.

Lammenett, Erwin (2007): Praxiswissen Online-Marketing. Affiliate- und E-Mail-Marketing, Keyword-Advertising, Online-Werbung, Suchmaschinen-Optimierung. Wiesbaden.

Langer, Thomas/Esch, Franz-Rudolf/Brunner, Christian (2009): Westfälische Provinzial Versicherung. Relaunch einer Traditionsmarke. In: Esch, Franz-Rudolf/Armbrecht, Wolfgang (Hg.): Best Practice der Markenführung. Wiesbaden, S. 101–120.

Lessenich, Stephan ([3]2013 [2008]): Die Neuerfindung des Sozialen. Der Sozialstaat im flexiblen Kapitalismus. Bielefeld.

Lohse, Ute/Will, Annemarie ([2]2019 [2010]): Rahmenbedingungen und strategische Herausforderungen für die Versicherungsbranche. In: Reich, Michael/Zerres, Christopher (Hg.): Handbuch Versicherungsmarketing. Berlin, S. 3–14.

Luhmann, Niklas (1990): Die Zukunft kann nicht beginnen. Temporalstrukturen der modernen Gesellschaft. In: Sloterdijk, Peter (Hg.): Vor der Jahrtausendwende. Berichte zur Lage der Zukunft. Band I. Frankfurt am Main, S. 119–150.

Luhmann, Niklas (1996): Das Risiko der Versicherung gegen Gefahren. In: Soziale Welt 47, Heft 3, S. 273–283.

Luhmann, Niklas ([5]2014 [1968]): Vertrauen. Ein Mechanismus der Reduktion sozialer Komplexität. Konstanz und München.

Luttermann, Karin Theresia/Rothhaar, Sandra Victoria (2016): Vertrauensbildende Kommunikation durch Zusatznutzen. Ein textlinguistischer Zugang am Beispiel der Marken Deutsche Bank und HanseMerkur Versicherungsgruppe. In: Reinmuth, Marcus u. a. (Hg.): Kommunikation für Banken und Versicherer. Krisen bewältigen, Vertrauen schaffen. Stuttgart, S. 17–35.

Maasen, Sabine/Mayerhauser, Torsten/Renggli, Cornelia (2006): Bild-Diskurs-Analyse. In: dies. (Hg.): Bilder als Diskurse – Bilddiskurse. Weilerswist 2006, S. 7–26.

Mahofsky, Katharina (2006): Versicherungswebsites aus Kundensicht. Gibt es einen Einfluß auf Zufriedenheit und Kaufabsicht? Online-Publikation. URL: https://madoc.bib.uni-mannheim.de/8156/ (Stand: 20. 1. 2020).

Makropoulos, Michael (2004): Kontingenz. Aspekte einer theoretischen Semantik der Moderne. In: European Journal of Sociology/Archives Européennes de Sociologie/Europäisches Archiv für Soziologie 45, Heft 3, S. 369–399.

Makropoulos, Michael (2007): Meer. Aspekte einer Daseins- und Lebensführungsmetapher. In: Konersmann, Ralf (Hg.): Wörterbuch der philosophischen Metaphern. Darmstadt, S. 236–248.

Mayerhauser, Torsten (2006): Diskursive Bilder? Überlegungen zur diskursiven Funktion von Bildern in polytechnologischen Dispositiven. In: Maasen, Sabine/Mayerhauser, Torsten/Renggli, Cornelia (Hg.): Bilder als Diskurse – Bilddiskurse. Weilerswist S. 27–52.

McCloskey, Deirdre N. (2009): Ökonomen leben in Metaphern. In: Diaz-Bone, Rainer/Krell, Gertraude (Hg.): Diskurs und Ökonomie. Diskursanalytische Perspektiven auf Märkte und Organisationen. Wiesbaden, S. 109–125.

Mersch, Dieter (2006): Visuelle Argumente. Zur Rolle der Bilder in den Naturwissenschaften. In: Maasen, Sabine/Mayerhauser, Torsten/Renggli, Cornelia (Hg.): Bilder als Diskurse – Bilddiskurse. Weilerswist S. 95–116.

Meyer, Silke (2014): Einleitung. In: dies. (Hg.): Money Matters. Umgang mit Geld als soziale und kulturelle Praxis. Innsbruck, S. 7–35.

Muri, Gabriela (2015): Wo und wann sind wir glücklich? Topologie des Alltäglichen zwischen Verheissung, Strategie und Enttäuschung. In: Schweizerisches Archiv für Volkskunde 111, S. 1–22.

Nikolow, Sybilla (2006): Imaginäre Gemeinschaften. Statistische Bilder der Bevölkerung. In: Heßler, Martina (Hg.): Konstruierte Sichtbarkeiten. Wissenschafts- und Technikbilder seit der Frühen Neuzeit. München, S. 263–278.

Nguyen, Tristan/Romeike, Frank (2013): Versicherungswirtschaftslehre. Grundlagen für Studium und Wirtschaft. Wiesbaden.

Nöcker, Ralf (2014): Ökonomie der Werbung. Grundlagen, Wirkungsweise, Geschäftsmodelle. Wiesbaden.

Pahl, Hanno (2013): Zur performativen Dimension konstitutiver Metaphern in der ökonomischen Theoriebildung. Zwischen Disziplinarität und Gesellschaft. In: Maeße, Jens (Hg.): Ökonomie, Diskurs, Regierung. Interdisziplinäre Perspektiven. Wiesbaden, S. 277–298.

Pietzcker, Dominik (2019): Healthy, wealthy Westerners. Stereotype des Alterns in Gesellschaft, Werbung und Medien. In: Janich, Nina (Hg.): Stereotype in Marketing und Werbung. Interdisziplinäre Perspektiven auf kulturspezifische Wissensrepräsentationen. Wiesbaden, S. 179–192.

Pörksen, Uwe (1997): Weltmarkt der Bilder. Eine Philosophie der Visiotype. Stuttgart.

Prieto, Raúl Sánchez (2011): Unternehmenswebseiten kontrastiv. Eine sprachwissenschaftlich motivierte und praxisorientierte Vorgehensweise für eine kontrastive Analyse deutscher, spanischer und französischer Unternehmenswebseiten. Tübingen.

Raake, Stefan/Pispers, Ralf (Hg.) (2010): Versicherer im Internet. Status, Trends, Perspektiven. Karlsruhe.

Reckwitz, Andreas ([6]2018 [2017]): Die Gesellschaft der Singularitäten. Zum Strukturwandel der Moderne. Berlin.

Reich, Michael/Zerres, Christopher (Hg.) ([2]2019 [2010]): Handbuch Versicherungsmarketing. Berlin.

Reith, Gerda (2004): Uncertain Times. The Notion of "Risk" and the Development of Modernity. In: Time & Society 13, Heft 2, S. 383–402.

Sasse, Ulrike (2019): Sorge(n) um die Zukunft. Eine soziologische Betrachtung der Zukunftsbewältigung von Risiken und Neogefahren in der Spätmoderne. In: Henkel, Anna u. a. (Hg.): Sorget nicht – Kritik der Sorge. Dimensionen der Sorge. Baden-Baden, S. 49–56.

Schmidt-Lauber, Brigitta (2003): Gemütlichkeit. Eine kulturwissenschaftliche Annäherung. Frankfurt (u. a.).

Schmidt-Semisch, Henning (2004): Risiko. In: Bröckling, Ulrich/Krasmann, Susanne/Lemke, Thomas (Hg.): Glossar der Gegenwart. Frankfurt am Main, S. 222–227.

Schmidt-Semisch, Henning (2007 [2000]): Selber Schuld. Skizzen versicherungsmathematischer Gerechtigkeit. In: Bröckling, Ulrich/Krasmann, Susanne/Lemke, Thomas (Hg.): Gouvernementalität der Gegenwart. Studien zur Ökonomisierung des Sozialen. Frankfurt am Main, S. 168–193.

Schröter, Klaus R. (2009): Korporales Kapital und korporale Performanzen in der Lebensphase Alter. In: Willems, Herbert (Hg.): Theatralisierung der Gesellschaft. Band I: Soziologische Theorie und Zeitdiagnose. Wiesbaden, S. 163–182.

Schumacher, Uwe ([2]2019 [2010]: Versicherung 2.0. Marketing und Kommunikation im Social Media-Zeitalter. In: Reich, Michael/Zerres, Christopher (Hg.): Handbuch Versicherungsmarketing. Berlin, S. 457–470.

Schweiger, Günther (2013): Praxishandbuch Werbung. Konstanz und München.

Schweiger, Günther/Schrattenecker, Gertraud ([9]2017 [1986]): Werbung. Eine Einführung. Konstanz.

Seele, Peter/Pfleiderer, Georg (Hg.) (2013): Kapitalismus – eine Religion in der Krise. Band I: Grundprobleme von Risiko, Vertrauen, Schuld. Zürich.

Stäheli, Urs (2006): Normale Chancen? Die Visualisierung von Investmentchancen in der Finanzwerbung. In: Maasen, Sabine/Mayerhauser, Torsten/Renggli, Cornelia (Hg.): Bilder als Diskurse – Bilddiskurse. Weilerswist, S. 27–52.

Stäheli, Urs (2007): Die Sichtbarkeit sozialer Systeme. Zur Visualität von Selbst- und Fremdbeschreibungen. In: Soziale Systeme 13, Heft 1–2, S. 70–85.

Vennemann, Angela/Holtz-Bacha, Christina (2008): Mehr als Frühjahrsputz und Südseezauber? Frauenbilder in der Fernsehwerbung und ihre Rezeption. In: Holtz-Bacha, Christina (Hg.): Stereotype? Frauen und Männer in der Werbung. Wiesbaden, S. 76–106.

Weng, Wolfgang (2002): Die Bedeutung von Bildungs- und Informationsprozessen bei der Bewältigung von komplexen und risikoreichen Konsumentscheidungen – dargestellt am Beispiel der Auswahl von Versicherungsprodukten für die private Altersvorsorge. Berlin.

Wenig, Mirko (2019): Die beitragsstärksten deutschen Lebensversicherer. In: Versicherungsbote, 02. 05. 2019. URL: https://www.versicherungsbote.de/id/4879608/Lebensversicherung-Marktanteil-Bruttobeitrag/ (Stand: 20. 1. 2020).

Wietschorke, Jens (2019): Zwischen Solidität, Diskretion und Transparenz. Zur Architektursprache von Bankhäusern. In: Braun, Karl u. a. (Hg.): Wirtschaften. Kulturwissenschaftliche Perspektiven. Marburg, S. 545–553.

Zeitschrift für Versicherungswesen (2019): Vermittlerdämmerung. In: Zeitschrift für Versicherungswesen 03/2019, S. 71.

Zurstiege, Guido (2015): Medien und Werbung. Wiesbaden.

6.2 Quellenverzeichnis

AachenMünchener: Interaktive Grafik auf der Produktseite zur Berufsunfähigkeitsversicherung. URL: https://www.amv.de/berufsunfaehigkeitsversicherung/ (Stand: 20. 1. 2020).

AachenMünchener: Wie groß ist die Lücke, wenn der Hauptversorger verstirbt? Interaktive Infografik auf der Produktseite zur Risikolebensversicherung. URL: https://www.amv.de/risikolebensversicherung/ (Stand: 20. 1. 2020).

Allianz: Allianz Berufsunfähigkeitsversicherungen. Übersichtsgrafik auf der Produktseite zur Berufsunfähigkeitsversicherung. URL: https://www.allianz.de/vorsorge/berufsunfaehigkeitsversicherung/ (Stand: 20. 1. 2020).

Allianz: Einstiegsmotiv auf der Produktseite zur privaten Rentenversicherung. URL: https://www.allianz.de/vorsorge/private-rentenversicherung/ (Stand: 20. 1. 2020).

Allianz: Einstiegsmotiv auf der Produktseite zur Risikolebensversicherung. URL: https://www.allianz.de/vorsorge/risikolebensversicherung/ (Stand: 20. 1. 2020).

Allianz: „FOURMORE“-Startseite. URL: https://www.fourmore.de/ (Stand: 20. 1. 2020).

Allianz: Infografik auf der Produktseite zur Berufsunfähigkeitsversicherung. URL: https://www.allianz.de/vorsorge/berufsunfaehigkeitsversicherung/ (Stand: 20. 1. 2020).

Allianz: Mehr Freiheit. Produktseite zu „FOURMORE“. URL: https://www.fourmore.de/vorteile.html#freiheit (Stand: 20. 1. 2020).

Allianz: Mehr Klarheit. Produktseite zu „FOURMORE“. URL: https://www.fourmore.de/vorteile.html#klarheit (Stand: 20. 1. 2020).

Allianz: Mehr Sicherheit. Produktseite zu „FOURMORE“. URL: https://www.fourmore.de/vorteile.html#sicherheit (Stand: 20. 1. 2020).

Allianz: Mehr Wachstum. Produktseite zu „FOURMORE“. URL: https://www.fourmore.de/vorteile.html#wachstum (Stand: 20. 1. 2020).

Allianz: Motiv auf der Produktseite zur Berufsunfähigkeitsversicherung. URL: https://www.allianz.de/vorsorge/risikolebensversicherung/ (Stand: 20. 1. 2020).

Allianz: Motiv auf der Produktseite zur privaten Rentenversicherung. URL: https://www.allianz.de/vorsorge/private-rentenversicherung/ (Stand: 20. 1. 2020).

Allianz: Produktseite zur Riester-Rente. URL: https://www.allianz.de/vorsorge/riester-rente/ (Stand: 20. 1. 2020).

Allianz: Produktseite zur Risikolebensversicherung. URL: https://www.allianz.de/vorsorge/risikolebensversicherung/ (Stand: 20. 1. 2020).

Alte Leipziger: Übersichtsseite zur Rentenversicherungsrubrik. URL: https://www.alte-leipziger.de/privatkunden/private-vorsorge/private-rentenversicherung (Stand: 20. 1. 2020).

AXA: Einstiegsmotiv auf der Produktseite zur „Relax Rente“. URL: https://www.axa.de/relax-rente (Stand: 20. 1. 2020).

AXA: Produktseite zur „Relax Rente". URL: https://www.axa.de/relax-rente (Stand: 20. 1. 2020).

AXA: Produktseite zur Risikolebensversicherung. URL: https://www.axa.de/risikolebensversicherung (Stand: 20. 1. 2020).

AXA: Unsere Tarife – flexibel und fair. Übersichtsgrafik auf der Produktseite zur Berufsunfähigkeitsversicherung. URL: https://www.axa.de/berufsunfaehigkeitsversicherung (Stand: 20. 1. 2020).

AXA: Ursachen einer Berufsunfähigkeit. Infografik auf der Produktseite zur Berufsunfähigkeitsversicherung. URL: https://www.axa.de/berufsunfaehigkeitsversicherung (Stand: 20. 1. 2020).

Barmenia: Barmenia PrivatRente Invest – Modifikation der Altersvorsorge. Erklärvideo zur „PrivatRente Invest". URL: https://www.barmenia.de/de/produkte/alters-und-risikovorsorge/rentenversicherung/privatrente_invest.xhtml (Stand: 20. 1. 2020).

Barmenia: Berufsunfähigkeit – Erwerbsminderungsrente reicht nicht aus. Erklärvideo zur Berufsunfähigkeitsversicherung. URL: https://www.youtube.com/watch?v=qNz9PEOJNXE (Stand: 20. 1. 2020).

Barmenia: Mein zukünftiges Ich. Einführungsfilm zur „PrivatRente". URL: https://barmenia.de/de/produkte/alters-und-risikovorsorge/rentenversicherung/uebersicht.xhtml (Stand: 20. 1. 2020).

Barmenia: Produktseite zu „PrivatRente Invest". URL: https://www.barmenia.de/de/produkte/alters-und-risikovorsorge/rentenversicherung/privatrente_invest.xhtml (Stand: 20. 1. 2020).

Barmenia: Übersichtsseite zur Altersvorsorgerubrik. URL: https://barmenia.de/de/produkte/alters-und-risikovorsorge/rentenversicherung/uebersicht.xhtml (Stand: 20. 1. 2020).

Barmenia: Übersichtsseite zur Rentenversicherungsrubrik. URL: https://www.barmenia.de/de/produkte/alters-und-risikovorsorge/rentenversicherung/uebersicht.xhtml (Stand: 20. 1. 2020).

CosmosDirekt: Die Risikolebensversicherung in 2 Minuten erklärt. Erklärvideo auf der Produktseite zur Risikolebensversicherung. URL: https://www.cosmosdirekt.de/risikolebensver sicherung/#produktuebersicht (Stand: 20. 1. 2020).

ComsosDirekt: Einstiegsmotiv auf der Produktseite zur Berufsunfähigkeitsversicherung. URL: https://www.cosmosdirekt.de/berufsunfaehigkeit-fuer-berufserfahrene/#produktueber sicht (Stand: 20. 1. 2020).

CosmosDirekt: Einstiegsmotiv auf der Produktseite zur Risikolebensversicherung. URL: https://www.cosmosdirekt.de/ (Stand: 20. 1. 2020).

CosmosDirekt: Erklärvideo auf der Produktseite zur Risikolebensversicherung. URL: https:// www.cosmosdirekt.de/risikolebensversicherung/#produktuebersicht (Stand: 20. 1. 2020).

CosmosDirekt: Produktseite zur Berufsunfähigkeitsversicherung. URL: https://www.cos mosdirekt.de/berufsunfaehigkeit-fuer-berufserfahrene/#leistungsfaelle (20. 1. 2020).

CosmosDirekt: Übersichtsgrafik auf der Produktseite zur Risikolebensversicherung. URL: https://www.cosmosdirekt.de/risikolebensversicherung/#leistungsdetails (Stand: 20. 1. 2020).

Debeka: Einstiegsmotiv auf der Produktseite zur Berufsunfähigkeitsversicherung. URL: https://www.debeka.de/produkte/versichern/berufsunfaehigkeit/index.html (Stand: 20. 1. 2020).

Debeka: Produktseite zur Risikolebensversicherung. URL: https://www.debeka.de/produkte/ versichern/lebens_rentenversich/risiko_lebensversich/details/index.html (Stand: 20. 1. 2020).

ERGO: „Old World“. Werbespot zur Altersvorsorge. URL: https://www.youtube.com/watch? v=UJw-PQ6L77I (Stand: 20. 1. 2020).

ERGO: Produktseite zur Berufsunfähigkeitsversicherung. URL: https://www.ergo.de/de/ Produkte/Berufsunfaehigkeitsversicherung (Stand: 20. 1. 2020).

ERGO: Produktseite zur „ERGO Sofort-Rente“. URL: https://www.ergo.de/de/Produkte/Ren tenversicherung/Sofort-Rente (Stand: 20. 1. 2020).

ERGO Produktseite zur privaten Rentenversicherung. URL: https://www.ergo.de/de/Produk te/Rentenversicherung/Private-Rentenversicherung (Stand: 20. 1. 2020).

Generali: Einstiegsmotiv auf der Produktseite zur Risikolebensversicherung. URL: https://www.generali.de/privatkunden/beruf-vorsorge/risikolebensversicherung/ (Stand: 20. 1. 2020).

Gesamtverband der deutschen Versicherungswirtschaft (2019): Zahlen & Fakten. Websiterubrik. URL: https://www.gdv.de/de/zahlen-und-fakten (Stand: 20. 1. 2020).

Hannoversche Versicherung: Die Risikolebensversicherung einfach erklärt. Erklärvideo auf der Produktseite zur Risikolebensversicherung. URL: https://www.hannoversche.de/risikolebensversicherung (Stand: 20. 1. 2020).

Hannoversche Versicherung: Wie funktioniert die Riester-Rente? Erklärvideo auf der Produktseite zur Riester-Rente. URL: https://www.hannoversche.de/altersvorsorge/riester-rente (Stand: 20. 1. 2020).

Hannoversche Versicherung: Wie funktioniert die Rürup-Rente? Erklärvideo auf der Produktseite zur Rürup-Rente. URL: https://www.hannoversche.de/altersvorsorge/ruerup-rente (Stand: 20. 1. 2020).

HUK-Coburg: Braucht man eine Berufsunfähigkeitsversicherung? Erklärvideo auf der Produktseite zur Berufsunfähigkeitsversicherung. URL: https://www.huk.de/vm/axel.breuer/gesundheit-vorsorge-vermoegen/existenzsicherung/berufsunfaehigkeitsversicherung.html (Stand: 20. 1. 2020).

HUK-Coburg: Einstiegsmotiv auf der Produktseite zur „Premium-Rente“. URL: https://www.huk.de/gesundheit-vorsorge-vermoegen/altersvorsorge/privatrente.html (Stand: 20. 1. 2020).

HUK-Coburg: Was ist eine Risikolebensversicherung? Erklärvideo auf der Produktseite zur Risikolebensversicherung. URL: https://www.huk.de/gesundheit-vorsorge-vermoegen/existenzsicherung/risikolebensversicherung.html (Stand: 20. 1. 2020).

Nürnberger Versicherung: Der Deutsche Aktien Index Dax®. Infografik auf der Produktseite zur „Dax®-Rente“. URL: https://www.nuernberger.de/rentenversicherung/dax-rente/ (Stand: 20. 1. 2020).

Nürnberger Versicherung: Einstiegsmotiv auf der Produktseite zur Dax®-Rente. URL: https://www.nuernberger.de/rentenversicherung/dax-rente/ (Stand: 20. 1. 2020).

Nürnberger Versicherung: Einstiegsmotiv auf der Produktseite zur fondsgebundenen Rentenversicherung. URL: https://www.nuernberger.de/rentenversicherung/fondsgebundene-rentenversicherung/ (Stand: 20. 1. 2020).

Nürnberger Versicherung: Einstiegsmotiv auf der Produktseite zur Risikolebensversicherung. URL: https://www.nuernberger.de/lebensversicherung/risikolebensversicherung/ (Stand: 20. 1. 2020).

Nürnberger Versicherung: Motiv auf der Produktseite zur klassischen Rentenversicherung. URL: https://www.nuernberger.de/rentenversicherung/klassische-rentenversicherung/ (Stand: 20. 1. 2020).

Nürnberger Versicherung: Motiv auf Produktseite zur Rürup Rente. URL: https://www.nuernberger.de/rentenversicherung/ruerup-rente/ (Stand: 20. 1. 2020).

R+V Versicherung: Berufsunfähigkeit kann jeden treffen. Infografik auf der Produktseite zur Berufsunfähigkeitsversicherung. URL: https://www.ruv.de/privatkunden/einkommen-familie/berufsunfaehigkeitsversicherung (Stand: 20. 1. 2020).

R+V Versicherung: Einstiegsmotiv auf der Produktseite zur Berufsunfähigkeitsversicherung. URL: https://www.ruv.de/privatkunden/einkommen-familie/berufsunfaehigkeitsversicherung (Stand: 20. 1. 2020).

R+V Versicherung: Einstiegsmotiv auf der Produktseite zur „PrivatRente Performance". URL: https://www.ruv.de/privatkunden/altersvorsorge/privatrente-performance (Stand: 20. 1. 2020).

R+V Versicherung: Einstiegsmotiv auf der Übersichtsseite zur Rentenversicherungsrubrik. URL: https://www.ruv.de/privatkunden/altersvorsorge (Stand: 20. 1. 2020).

R+V Versicherung: Motiv zur „PrivatRente IndexInvest" auf der Übersichtsseite zur Altersvorsorgerubrik. URL: https://www.ruv.de/privatkunden/altersvorsorge (Stand: 20. 1. 2020).

R+V Versicherung: Motive zur „PrivatRente", RiesterRente" und „BasisRente" auf der Startseite zur Rentenversicherungsrubrik. URL: https://www.ruv.de/privatkunden/altersvorsorge (Stand: 20. 1. 2020).

R+V Versicherung: Startseite. URL: https://www.ruv.de/home/ (Stand: 20. 1. 2020).

R+V Versicherung: Produktseite zur „Basis-Rente“. URL: https://www.ruv.de/privatkunden/altersvorsorge/basis-rente-ruerup (Stand: 20. 1. 2020).

R+V Versicherung: Produktseite zur „PrivatRente“. URL: https://www.ruv.de/privatkunden/altersvorsorge/privat-rente (Stand: 20. 1. 2020).

R+V Versicherung: Produktseite zur „PrivatRente Performance“. URL: https://www.ruv.de/privatkunden/altersvorsorge/privatrente-performance (Stand: 20. 1. 2020).

SV SparkassenVersicherung: Die SV Risikoversicherung. Erklärvideo auf der Produktseite zur Risikolebensversicherung. URL: https://www.sparkassenversicherung.de/content/privatkunden/produkte/hinterbliebenen-schutz/risikolebensversicherung/#/Hinterbliebene (Stand: 20. 1. 2020).

SV SparkassenVersicherung: Einstiegsmotiv auf der Übersichtsseite zur Altersvorsorgerubrik. URL: https://www.sparkassenversicherung.de/content/privatkunden/produkte/vorsorge/#/VermoegenUndRente (Stand: 20. 1. 2020).

SV SparkassenVersicherung: Erklärvideo zur Riester-Rente. URL: https://www.sparkassenversicherung.de/content/privatkunden/produkte/vorsorge/riesterrente/#/Riesterrente (Stand: 20. 1. 2020).

SV SparkassenVersicherung: IndexGarant der SV. Erklärvideo auf der Produktseite zu „IndexGarant“. URL: https://www.sparkassenversicherung.de/content/privatkunden/produkte/vorsorge/indexgarant/ (Stand: 20. 1. 2020).

SV SparkassenVersicherung: Infografik auf der Produktseite zur Berufsunfähigkeitsversicherung. URL: https://www.sparkassenversicherung.de/content/privatkunden/produkte/berufsunfaehigkeit_unfallversicherung/berufsunfaehigkeitsversicherung/#/Arbeitskraft (Stand: 20. 1. 2020).

SV SparkassenVersicherung: Infografik auf der Produktseite zur Riester-Rente. URL: https://www.sparkassenversicherung.de/content/privatkunden/produkte/vorsorge/riesterrente/#/Riesterrente (Stand: 20. 1. 2020).

SV SparkassenVersicherung: Produktseite zur „VermögensPolice Invest“. URL: https://www.sparkassenversicherung.de/content/privatkunden/produkte/vorsorge/fondsgebundene-rentenversicherung/ (Stand: 20. 1. 2020).

Versicherungskammer Bayern: Produktseite zur Risikolebensversicherung. URL: https://www.vkb.de/content/versicherungen/leben/risikolebensversicherung/ (Stand: 20.1.2020).

Versicherungskammer Bayern: Produktseite zur Rürup-Rente. URL: https://www.vkb.de/content/versicherungen/rente/gefoerderte-rente/ruerup-rente/ (Stand: 20.1.2020).

Württembergische Versicherung: Einstiegsmotiv auf der Produktseite zur „Genius Basis-Rente“. URL: https://www.wuerttembergische.de/de/produkte_privatkunden/altersvorsorge_und_familie/basisrente/basisrente.html (Stand: 20.1.2020).

Württembergische Versicherung: Einstiegsmotiv auf der Produktseite zur Risikolebensversicherung. URL: https://www.wuerttembergische.de/de/produkte_privatkunden/altersvorsorge_und_familie/risikolebensversicherung/risikolebensversicherung.html (Stand: 20.1.2020).

Württembergische Versicherung: Mein Millionen Job. Einführungsfilm auf der Produktseite zur Berufsunfähigkeitsversicherung. URL: https://www.wuerttembergische.de/de/produkte_privatkunden/unfall_und_berufsunfaehigkeit/berufsunfaehigkeitsversicherung/berufsunfaehigkeitsversicherung.html (Stand: 20.1.2020).

Württembergische Versicherung: Produktseite zu „KlassikClever“. URL: https://www.wuerttembergische.de/de/produkte_privatkunden/altersvorsorge_und_familie/privatrente_extra/privatrente-KlassikClever.html (Stand: 20.1.2020).

Württembergische Versicherung: Produktseite zur „Genius PrivatRente“. URL: https://www.wuerttembergische.de/de/produkte_privatkunden/altersvorsorge_und_familie/privatrente_genius/genius-privatrente.html (Stand: 20.1.2020).

Württembergische Versicherung: Produktseite zu „IndexClever“. URL: https://www.wuerttembergische.de/de/produkte_privatkunden/altersvorsorge_und_familie/indexclever/indexclever.html (Stand: 20.1.2020).

Zürich Versicherung: Erklärvideo zur Berufsunfähigkeitsversicherung. URL: https://www.zurich.de/de-de/privatkunden/vorsorge-und-vermoegen/existenzschutz/berufsunfaehigkeits-schutzbrief (Stand: 20.1.2020).

Zürich Versicherung: Produktseite zur Berufsunfähigkeitsversicherung. URL: https://www.zurich.de/de-de/privatkunden/vorsorge-und-vermoegen/existenzschutz/berufsunfaehigkeits-schutzbrief (Stand: 20.1.2020).

Zürich Versicherung: Produktseite zur fondsgebundenen Rentenversicherung. URL: https://www.zurich.de/de-de/privatkunden/vorsorge-und-vermoegen/private-altersvorsorge/fonds gebundene-rentenversicherung (Stand: 20. 1. 2020).

Zürich Versicherung: Produktseite zur Risikolebensversicherung. URL: https://www.zurich.de/de-de/privatkunden/vorsorge-und-vermoegen/hinterbliebenenabsicherung/risikoleben -komfort (Stand: 20. 1. 2020).

Zürich Versicherung: Produktseite zur „Sofort-Renteclassic". URL: https://www.zurich.de/de-de/privatkunden/vorsorge-und-vermoegen/private-altersvorsorge/sofort-renteclassic-se lect (Stand: 20. 1. 2020).

6.3 Abbildungsverzeichnis

S. 87 Abbildung 23: Hybridformat (Einstiegsmotiv auf der Produktseite zur Risikolebensversicherung der CosmosDirekt). URL: https://www.cosmosdirekt.de/risiko lebensversicherung/risikolebensversicherung-rechner/ (Stand: 20. 1. 2020).